26개 알파벳, 한 권으로 왼

맛있는 알파벳 쓰기

황인영 지음

맛있는 books

저자 **황인영**(Inyoung Joy Hwang) M.Ed

황인영 선생님은 한동대학교 국제어문학부, 숙명여대 SMU-TESOL 과정을 졸업하고 미국에서 기독교 교육 석사 학위를 취득했습니다. 영어와 교육에 대한 열정과 전문성으로 다양한 영어학습 교재를 집필했습니다. 미국에서 유치원생을 지도했으며, 현재는 미국의 중학교 교사로 아이들을 가르치고 있습니다. 교육에는 사람을 바꿀 만한 힘이 있다고 믿고, 사람을 세우는 꿈을 꾸고 있습니다. 저서로는 『한 권으로 끝내는 파닉스』, 『한 권으로 끝내는 초등 영문법』, 『한 권으로 끝내는 초등 필수 회화 표현』 등 다수가 있습니다.

맛있는 알파벳 쓰기

초판 1쇄 인쇄	2024년 7월 1일
초판 1쇄 발행	2024년 7월 8일

지은이	황인영
발행인	김효정
발행처	맛있는books
등록번호	제2006-000273호
기획·편집	김미경
디자인	이솔잎
일러스트	최성원
제작	박선희

주소	서울시 서초구 명달로 54 JRC빌딩 7층
전화	구입문의 02·567·3861 ㅣ 02·567·3837
	내용문의 02·567·3860
팩스	02·567·2471
홈페이지	www.booksJRC.com

ISBN	979-11-6148-083-1 63740
정가	13,800원

제 품 명 : 일반 어린이도서
제조자명 : JRC에듀
판매자명 : 맛있는books
제 조 국 : 대한민국
전화번호 : 02 567 3860
주   소 : 서울시 서초구 명달로 54 JRC빌딩 7층
제조년월 : 판권에 별도 표기
사용연령 : 6세 이상
KC마크는 이 제품이 공통안전기준에 적합하였음을 의미합니다.

알파벳 공부, 왜 해야 할까요?

언어는 말로 혹은 글자로 구사할 수 있습니다. 알파벳은 영어를 구사하는 데 필요한 글자입니다. 알파벳은 영어를 문자화해서 읽고 표현할 때 사용되기 때문에 영어에 있어서 중요한 필수 요소입니다. 그렇기 때문에 영어 공부를 할 때 알파벳을 잘 익히는 것은 아주 중요합니다.

알파벳 쓰기, 꼭 연습해야 할까요?

물론입니다! 알파벳을 보고 읽을 수도 있고, 파닉스 소리를 낼 수도 있어야 하지만, 알파벳을 잘 쓰는 것은 굉장히 중요합니다. 바르게 쓴 글자는 정보 전달을 정확하게 할 수 있도록 도와주기 때문입니다.

맛있는 알파벳 쓰기, 언제부터 시작하면 좋을까요?

본 책은 약 6세부터 9세 정도의 아동 누구나 쉽고 재미있게 공부할 수 있도록 구성되어 있습니다. 아이가 연필을 잘 쥐고 직선과 곡선 등을 잘 그린다면, 알파벳을 바르게 쓰는 연습에 초점을 맞춰 주세요. 아이가 아직 연필로 글씨 쓰는 것에 서툴더라도 알파벳의 모양을 익히며, 글자를 쓰는 방법을 숙지할 수 있도록 지도해 주세요.

맛있는 알파벳 쓰기, 뭐가 다를까요?

맛있는 알파벳 쓰기는 알파벳과 알파벳 쓰기 자체에 초점을 맞춘 책으로 아이들이 부담 갖지 않고 재미있게 알파벳 학습을 할 수 있도록 기획하였습니다. 아이들이 좋아하는 색연필이나 펜으로 글자를 먼저 써보며 흥미를 유발할 수 있게 하였으며, 미로 찾기, 색칠하기, 스티커 붙이기, 숨은그림찾기 등과 같은 다양한 활동을 통해 학습을 강화할 수 있도록 하였습니다. 또한 아이들이 글자를 바르게 쓸 수 있도록 모든 알파벳에 쓰기 팁을 주어 아이들의 공부를 도와주시는 부모님, 선생님 혹은 아이 스스로에게 도움이 될 수 있도록 하였습니다.

맛있는 알파벳 쓰기, 어떻게 공부하면 더 좋을까요?

아이들이 맛있는 알파벳 쓰기 공부를 할 때 긍정적인 피드백으로 아이들에게 성취감과 안정감을 제공해 주면 좋습니다. 아이가 쓴 알파벳 중에 잘 쓴 글자에 동그라미나 별표를 하거나 스티커를 붙여주는 방법도 좋고, 나무 블록 같은 교구 등으로 알파벳 모양 만들어보기, 공중에 손가락으로 알파벳 써보기, 몸으로 알파벳 표현해보기 등 재미있는 활동을 통해 학습을 강화해 주세요. 알파벳 쓰기는 아동들이 경험하는 첫 영어 공부의 하나인 만큼 아이들의 성공적인 영어 능력 성취를 위해 즐겁고 긍정적인 피드백으로 함께 해주세요!

저자 **황인영**

이 책의 활용법

Aa부터 Zz까지 26개 알파벳의 대문자와 소문자, 총 52글자를 순서대로 배워 보아요!

알파벳 대문자, 소문자 익히기

알파벳 대문자와 소문자의 모양과 이름을 눈으로 확인하고, 알파벳을 소개하는 음성과 원어민의 발음을 들으며 알파벳을 익혀요.

알파벳 대문자, 소문자 쓰기

알파벳 대문자와 소문자를 단계별로 바르게 쓰는 연습을 해요. 알파벳마다 제공된 쓰기 팁을 통해 알파벳을 알맞은 위치에 바른 모양으로 쓰는 법을 확인하고, 스티커를 붙이며 알파벳으로 만들어진 단어에 대한 흥미도 북돋워요.

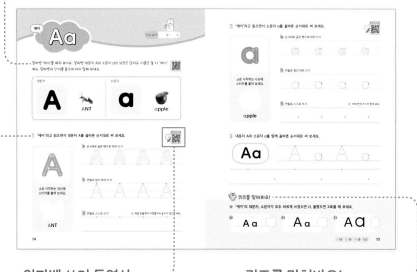

알파벳 쓰기 동영상

QR코드를 스캔해 알파벳 쓰기 동영상을 보며 알파벳 대문자와 소문자를 순서에 맞게 바르게 쓰는 법을 확인해요.

퀴즈를 맞혀봐요!

알파벳 대문자와 소문자의 모양과 쓰는 위치를 잘 기억하는지 퀴즈로 확인해요.

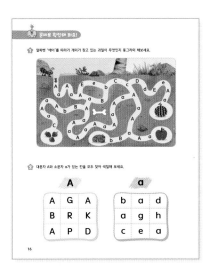

문제로 확인해 봐요!

미로 찾기, 색칠하기, 점 잇기 등 다양한 문제를 풀며 알파벳을 잘 익혔는지 확인해요.

스스로 학습해 봐요!

알파벳을 스스로 써보고 학습을 점검하는 문제를 풀며 자신의 알파벳 실력을 확인해 보세요.

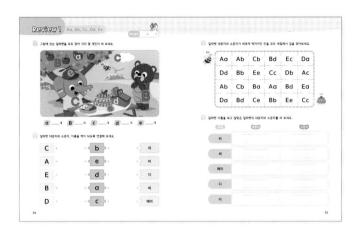

Review

앞에서 배운 5~6개의 알파벳을 모아서 다양한 문제로 반복 학습하면서 알파벳의 모양과 이름, 바르게 쓰는 법 등을 잘 익혔는지 다시 한번 꼼꼼하게 확인해요.

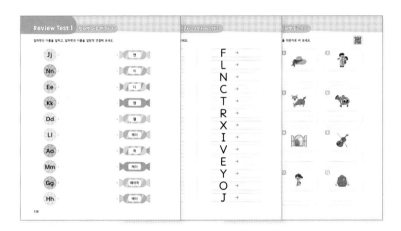

Review Test

26개 알파벳의 대문자와 소문자를 잘 익혔는지 테스트로 확인해 보고 헷갈리는 알파벳은 다시 공부해요.

Alphabet Story

재미있는 알파벳 스토리를 통해 알파벳 복습도 하고, 리딩 걸음마도 시작해 보세요.

부록

단어 쓰기 노트

각 알파벳의 대표 단어를 쓰며 알파벳 쓰기도 복습하고 기초 영어 단어도 익혀요.

스티커 & 플래시 카드

스티커를 붙이며 학습에 대한 흥미를 북돋고, 플래시 카드로 다양한 게임을 하며 복습해요.

음원 및 쓰기 동영상 QR코드

QR코드를 스캔해 알파벳 소개 및 원어민의 정확한 발음을 듣거나 알파벳 대문자, 소문자 쓰는 법을 동영상으로 확인할 수 있어요.

맛있는 북스 홈페이지에 로그인한 후 MP3 파일을 포함한 다양한 자료를 다운받을 수 있어요.

차례

알파벳을 소개합니다!

알파벳은 영어에서 우리말의 ㄱ, ㄴ, ㄷ, ㄹ, ㅏ, ㅑ, ㅓ, ㅕ... 등에 해당하는 문자예요. 알파벳은 모두 26개가 있는데 알파벳마다 대문자와 소문자가 있어요. 한 알파벳의 대문자와 소문자의 모양과 크기는 다양하지만 이름과 소리는 같아요.

삼선

이 책에서는 알파벳을 바르게 쓰는 연습을 하기 위해 줄이 3개 그어진 삼선에 알파벳을 쓰는 연습을 할 거예요. 알파벳을 삼선에 쓸 때 바른 순서와 모양을 익혀서 글자를 쓰도록 하세요. 삼선에 잘 쓴 글자는 다음과 같아요.

Aa Bb Cc

알파벳 대문자

알파벳 대문자는 보통 사람이나 나라 이름, 도시 이름, 혹은 문장의 첫 글자에 쓰는 문자예요. 대문자는 삼선의 제일 윗줄에서 아랫줄까지 글자가 닿도록 써요.

ABCDEFGHIJKLMNOPQRSTUVWXYZ

알파벳 소문자

알파벳 소문자는 알파벳 대문자의 짝이 되는 글자로, 보통 삼선의 두 번째 줄과 제일 아랫줄 사이에 써요. 예외가 되는 알파벳 소문자들도 있으니 각 글자의 쓰는 위치를 잘 기억해 두세요.

a b c d e f g h i j k l m n o p q r s t u v w x y z

알파벳의 다양한 모양의 글씨체

알파벳 대문자, 소문자의 기본 모양은 위에서 설명한 것과 같지만 다양한 모양의 글씨체가 있어요. 처음 알파벳 쓰기 연습을 할 때는 기본 모양으로 연습하며, 다양한 모양의 글씨체들도 기억해 두세요.

a a G G g g J J t t y y

알파벳은 이렇게 써요!

삼선 위에 바르게 쓰인 알파벳 대문자와 소문자를 확인해 보세요.

A a B b C c D d E e

F f G g H h I i J j K k

L l M m N n O o P p

Q q R r S s T t U u

V v W w X x Y y Z z

26개 알파벳 한눈에 보기

알파벳 쓰기를 시작하기 전에 26개 알파벳의 이름과 순서를 한눈에 살펴보아요.

Aa 에이 	**Bb** 비 	**Cc** 씨 	**Dd** 디
Ee 이 	**Ff** 에프 	**Gg** 쥐 	**Hh** 에이치
Ii 아이 	**Jj** 제이 	**Kk** 케이 	**Ll** 엘
Mm 엠 	**Nn** 엔 	**Oo** 오 	**Pp** 피

Qq
큐

Rr
알

Ss
에스

Tt
티

Uu
유

Vv
브이

Ww
더블유

Xx
엑스

Yy
와이

Zz
지

알파벳 쓰기를 시작해 봐요.

알파벳의 이름과 모양을 잘 확인하고
순서대로 차근차근 써 보세요.

에이

알파벳 '에이'를 배워 보아요. 알파벳 대문자 A와 소문자 a의 모양은 달라도 이름은 둘 다 '에이' 예요. 알파벳과 단어를 들으며 따라 말해 보세요.

대문자	소문자

ANT

apple

1 '에이'라고 읽으면서 대문자 A를 올바른 순서대로 써 보세요.

순서 보기

A로 시작하는 개미에 스티커를 붙여 보세요.

ANT

☝ 순서대로 굵은 펜으로 따라 쓰기

✌ 연필로 점선 따라 쓰기

🖐 연필로 스스로 쓰기   ‼ 제일 윗줄부터 아랫줄까지 글자가 닿도록 써요.

2 '에이'라고 읽으면서 소문자 a를 올바른 순서대로 써 보세요.

☝ 순서대로 굵은 펜으로 따라 쓰기

✌ 연필로 점선 따라 쓰기

✋ 연필로 스스로 쓰기   ❗ 아래 칸에 크기가 맞게 써요.

a로 시작하는 사과에
스티커를 붙여 보세요.

apple

3 대문자 A와 소문자 a를 함께 올바른 순서대로 써 보세요.

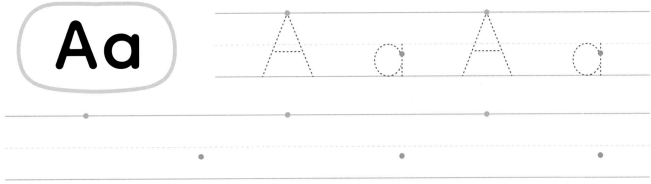

Aa

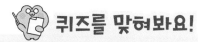 퀴즈를 맞혀봐요!

★ '에이'의 대문자, 소문자가 모두 바르게 쓰였으면 O, 틀렸으면 X표를 해 보세요.

❶ A a ☐   **❷** A a ☐   **❸** A a ☐

1 알파벳 '에이'를 따라가 개미가 찾고 있는 과일이 무엇인지 동그라미 해보세요.

2 대문자 A와 소문자 a가 있는 칸을 모두 찾아 색칠해 보세요.

A

A	G	A
B	R	K
A	P	D

a

b	a	d
a	g	h
c	e	a

1 알파벳 '에이'를 올바르게 써 보세요. 가장 잘 쓴 A와 a에 동그라미 해보세요.

A   a

A   Aa

2 대문자 A로 시작하는 단어와 소문자 a로 시작하는 단어끼리 연결해 보세요.

A ·   · APPLE ·   · apple

a ·   · ant ·   · ANT

3 그림을 보고 빈칸에 알맞은 알파벳 '에이'를 써서 단어를 완성해 보세요.

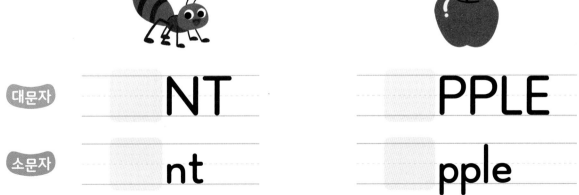

① ②

대문자   NT   PPLE

소문자   nt   pple

비

알파벳 '비'를 배워 보아요. 알파벳 대문자 B와 소문자 b는 오른쪽으로 볼록한 비슷한 모양이에 요. 이름은 둘 다 '비'예요. 알파벳과 단어를 들으며 따라 말해 보세요.

대문자
B   BEAR

소문자
b   bee

1 '비'라고 읽으면서 대문자 B를 올바른 순서대로 써 보세요.

순서 보기

B로 시작하는 곰에 스티커를 붙여 보세요.

BEAR

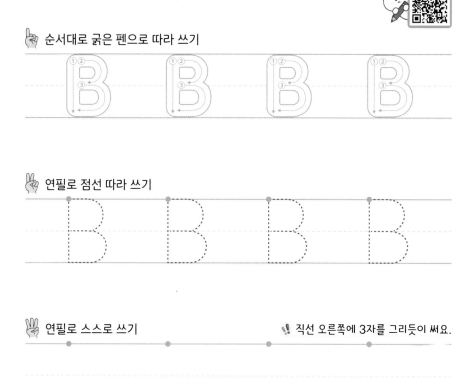

☝ 순서대로 굵은 펜으로 따라 쓰기

✌ 연필로 점선 따라 쓰기

🖐 연필로 스스로 쓰기   ‼ 직선 오른쪽에 3자를 그리듯이 써요.

2 '비'라고 읽으면서 소문자 b를 올바른 순서대로 써 보세요.

b로 시작하는 벌에
스티커를 붙여 보세요.

bee

☝ 순서대로 굵은 펜으로 따라 쓰기

✌ 연필로 점선 따라 쓰기

🤟 연필로 스스로 쓰기　　❗ 직선 오른쪽 아래 칸에 동그라미를 그려요.

3 대문자 B와 소문자 b를 함께 올바른 순서대로 써 보세요.

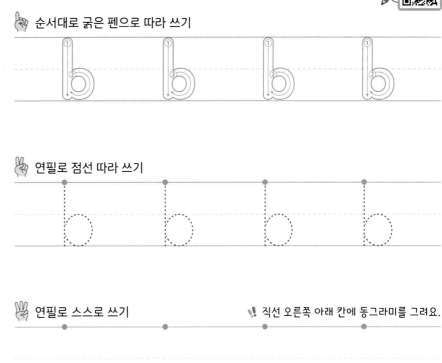

🐭 **퀴즈를 맞혀봐요!**

★ '비'의 대문자, 소문자가 모두 바르게 쓰였으면 O, 틀렸으면 X표를 해 보세요.

❶ Bd （ ）　　❷ ꓭb （ ）　　❸ Bb （ ）

1 알파벳 '비'가 있는 부분을 모두 갈색으로 색칠해서 무엇이 보이는지 말해 보세요.

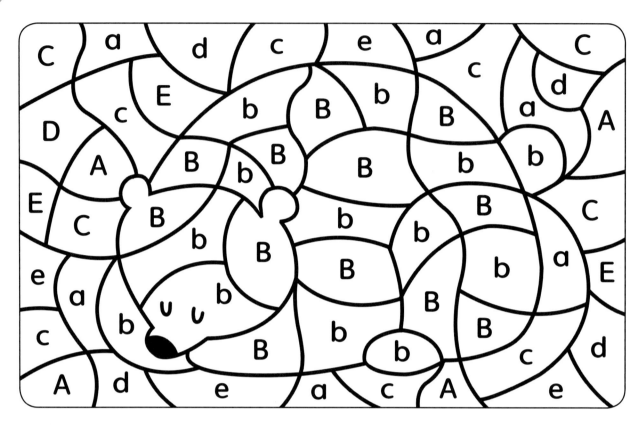

2 대문자 B와 소문자 b를 모두 찾아 동그라미 해보세요.

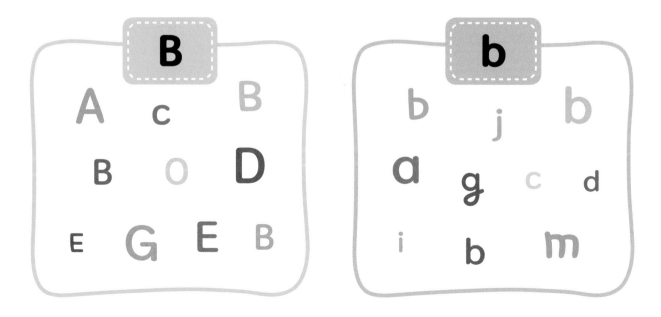

1 알파벳 '비'를 올바르게 써 보세요. 가장 잘 쓴 B와 b에 동그라미 해보세요.

2 대문자 B로 시작하는 단어와 소문자 b로 시작하는 단어끼리 연결해 보세요.

B •   • **bee** •   • **BEE**

b •   • **BEAR** •   • **bear**

3 그림을 보고 빈칸에 알맞은 알파벳 '비'를 써서 단어를 완성해 보세요.

❶   ❷

대문자   **EE**   **EAR**

소문자   **ee**   **ear**

씨

학습 날짜 　월　 　일

알파벳 '씨'를 배워 보아요. 알파벳 대문자 C와 소문자 c는 똑같은 모양이지만 크기가 달라요. 이름은 둘 다 '씨'예요. 알파벳과 단어를 들으며 따라 말해 보세요.

대문자	소문자
C　CAT	C　cake

1 '씨'라고 읽으면서 대문자 C를 올바른 순서대로 써 보세요.

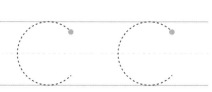

순서 보기

C로 시작하는 고양이에
스티커를 붙여 보세요.

CAT

☝ 순서대로 굵은 펜으로 따라 쓰기

C　C　C　C

✌ 연필로 점선 따라 쓰기

C　C　C　C

🖐 연필로 스스로 쓰기

❗ 원을 그리듯 쓰되 오른쪽이 열려 있어요.

22

2 '씨'라고 읽으면서 소문자 c를 올바른 순서대로 써 보세요.

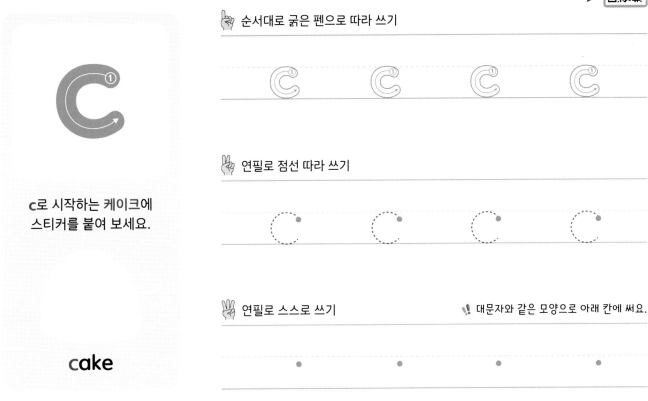

c로 시작하는 케이크에
스티커를 붙여 보세요.

cake

👆 순서대로 굵은 펜으로 따라 쓰기

✌️ 연필로 점선 따라 쓰기

✋ 연필로 스스로 쓰기   ‼️ 대문자와 같은 모양으로 아래 칸에 써요.

3 대문자 C와 소문자 c를 함께 올바른 순서대로 써 보세요.

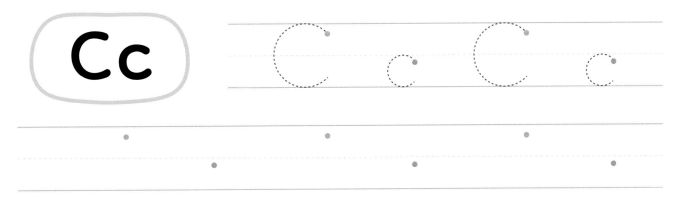

🐸 **퀴즈를 맞혀봐요!**

★ '씨'의 대문자, 소문자가 모두 바르게 쓰였으면 O, 틀렸으면 X표를 해 보세요.

① C c   **②** ⊃ c   **③** O o

1 그림 속에 숨어 있는 알파벳 '씨'를 모두 찾아 동그라미 해보세요.

2 각 네모 칸에 있는 대문자 C와 소문자 c를 짝지어 보세요.

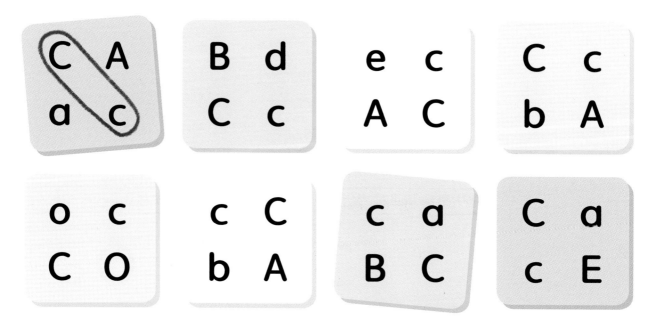

1 알파벳 '씨'를 올바르게 써 보세요. 가장 잘 쓴 C와 c에 동그라미 해보세요.

2 대문자 C로 시작하는 단어와 소문자 c로 시작하는 단어끼리 연결해 보세요.

C ·   · CAT ·   · cake

c ·   · cat ·   · CAKE

3 그림을 보고 빈칸에 알맞은 알파벳 '씨'를 써서 단어를 완성해 보세요.

❶    ❷

대문자   AT   AKE

소문자   at   ake

알파벳 '디'를 배워 보아요. 알파벳 대문자 D와 소문자 d는 모양은 달라도 이름은 둘 다 '디'예요.
알파벳과 단어를 들으며 따라 말해 보세요.

대문자

D   DOG

소문자

d   doll

1 '디'라고 읽으면서 대문자 D를 올바른 순서대로 써 보세요.

순서 보기

D로 시작하는 개에
스티커를 붙여 보세요.

DOG

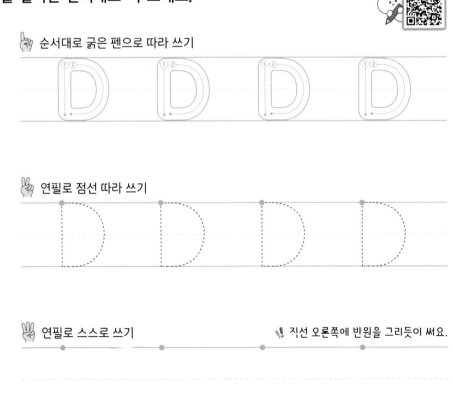

☝ 순서대로 굵은 펜으로 따라 쓰기

✌ 연필로 점선 따라 쓰기

🤟 연필로 스스로 쓰기   ✏ 직선 오른쪽에 반원을 그리듯이 써요.

2 '디'라고 읽으면서 소문자 d를 올바른 순서대로 써 보세요.

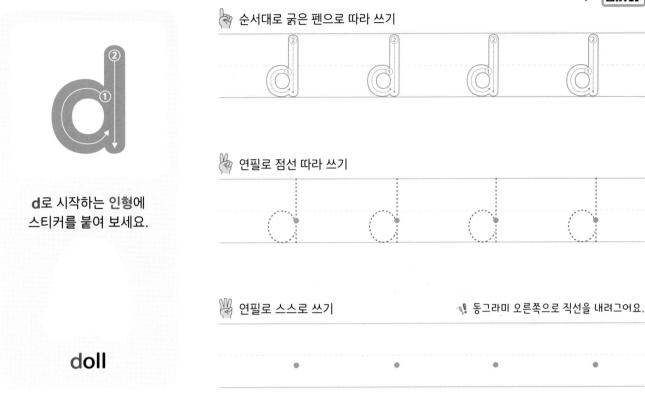

d로 시작하는 인형에
스티커를 붙여 보세요.

doll

✌ 순서대로 굵은 펜으로 따라 쓰기

✌ 연필로 점선 따라 쓰기

✋ 연필로 스스로 쓰기　　　　❗ 동그라미 오른쪽으로 직선을 내려그어요.

3 대문자 D와 소문자 d를 함께 올바른 순서대로 써 보세요.

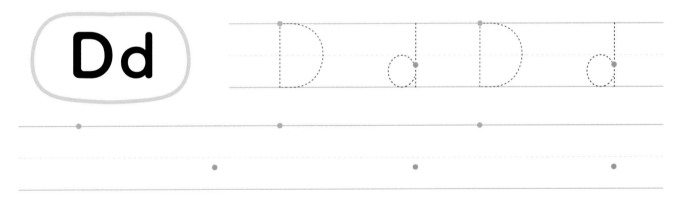

Dd

🐭 퀴즈를 맞혀봐요!

★ '디'의 대문자, 소문자가 모두 바르게 쓰였으면 O, 틀렸으면 X표를 해 보세요.

❶ Db

❷ Dd

❸ ꓷd

1 그림 속에 숨어 있는 대문자 D와 소문자 d를 찾아 스티커를 붙여 보세요.

2 대문자 D와 소문자 d를 모두 찾아 동그라미 해보세요.

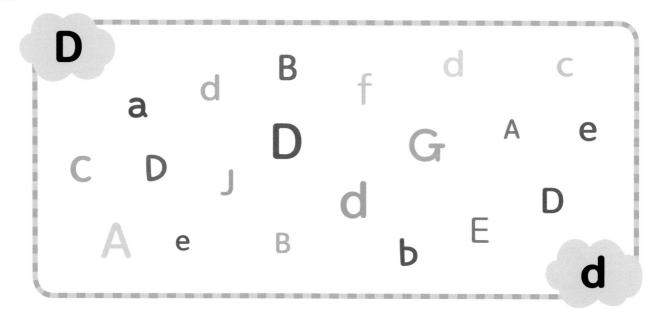

1 알파벳 '디'를 올바르게 써 보세요. 가장 잘 쓴 D와 d에 동그라미 해보세요.

D   d

D d

2 대문자 D로 시작하는 단어와 소문자 d로 시작하는 단어끼리 연결해 보세요.

D •   • **dog** •   • **DOLL**

d •   • **DOG** •   • **doll**

3 그림을 보고 빈칸에 알맞은 알파벳 '디'를 써서 단어를 완성해 보세요.

❶   ❷

대문자   OLL   OG

소문자   oll   og

Ee

알파벳 '이'를 배워 보아요. 알파벳 대문자 E와 소문자 e의 모양은 달라도 이름은 둘 다 '이'예요. 알파벳과 단어를 들으며 따라 말해 보세요.

대문자	소문자
E EGG	e elephant

1 '이'라고 읽으면서 대문자 E를 올바른 순서대로 써 보세요.

순서 보기

E로 시작하는 달걀에
스티커를 붙여 보세요.

EGG

☝ 순서대로 굵은 펜으로 따라 쓰기

✌ 연필로 점선 따라 쓰기

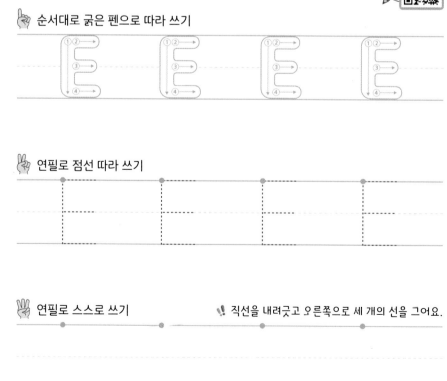

🖐 연필로 스스로 쓰기   ‼ 직선을 내려긋고 오른쪽으로 세 개의 선을 그어요.

2 '이'라고 읽으면서 소문자 e를 올바른 순서대로 써 보세요.

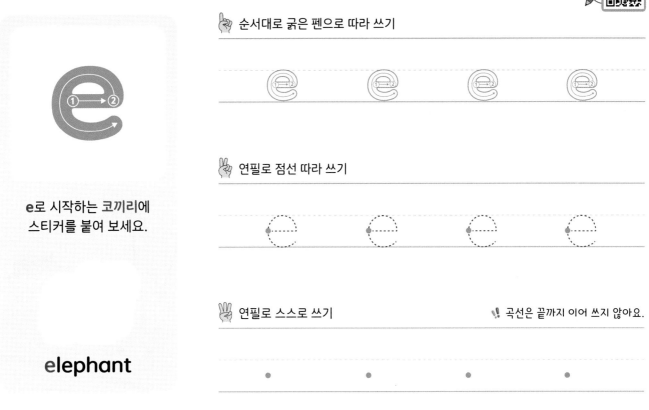

☝ 순서대로 굵은 펜으로 따라 쓰기

✌ 연필로 점선 따라 쓰기

🖐 연필로 스스로 쓰기　　　　　　　‼ 곡선은 끝까지 이어 쓰지 않아요.

e로 시작하는 코끼리에
스티커를 붙여 보세요.

elephant

3 대문자 E와 소문자 e를 함께 올바른 순서대로 써 보세요.

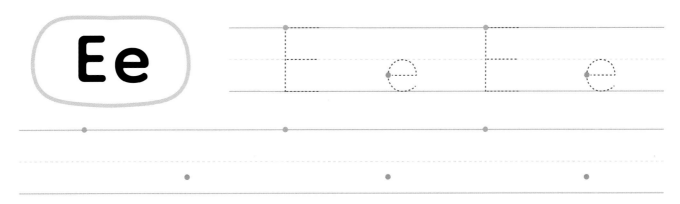

Ee

🐭 **퀴즈를 맞혀봐요!**

★ '이'의 대문자, 소문자가 모두 바르게 쓰였으면 O, 틀렸으면 X표를 해 보세요.

❶ Ee 　　　❷ Ǝe 　　　❸ Ee

1 알파벳 '이'를 따라 점을 연결해서 그림을 완성해 보세요.

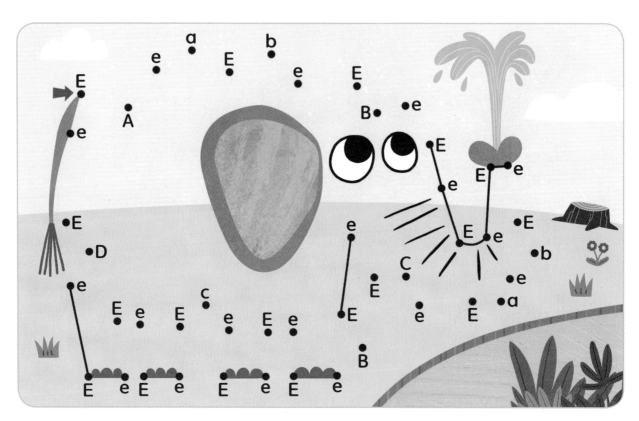

2 알파벳 '이'의 대문자와 소문자가 올바르게 짝지어진 것에 동그라미 해보세요.

Ce	Aa	Ee
Ea	Bd	De

Ae	Ca	Be
Ee	Db	Eb

Ee	De	Eb
Ca	Bc	Ae

Ea	Ac	Ce
De	Bb	Ee

 1 알파벳 '이'를 올바르게 써 보세요. 가장 잘 쓴 E와 e에 동그라미 해보세요.

E

e

E

e

2 대문자 E로 시작하는 단어와 소문자 e로 시작하는 단어끼리 연결해 보세요.

E ·

· elephant ·

· egg

e ·

· EGG ·

· ELEPHANT

3 그림을 보고 빈칸에 알맞은 알파벳 '이'를 써서 단어를 완성해 보세요.

❶

❷

대문자 GG

LEPHANT

소문자 gg

lephant

학습 날짜   월   일

1 그림에 있는 알파벳을 모두 찾아 각각 몇 개인지 써 보세요.

a ____개   B ____개   c ____개   d ____개   e ____개

2 알파벳 대문자와 소문자, 이름을 짝이 되도록 연결해 보세요.

C	b	이
A	e	비
E	d	디
B	a	씨
D	c	에이

3 알파벳 대문자와 소문자가 바르게 짝지어진 칸을 모두 색칠해서 길을 찾아보세요.

출발

Aa	Ab	Cb	Bd	Ec	Da
Dd	Bb	Ee	Cc	Db	Ac
Ab	Cb	Ba	Aa	Bd	Ea
Da	Bd	Ce	Bb	Ee	Cc

도착

4 알파벳 이름을 보고 알맞은 알파벳의 대문자와 소문자를 써 보세요.

이름	대문자	소문자
비		
씨		
에이		
디		
이		

5 알파벳 이름을 잘 듣고 알맞은 알파벳에 동그라미 해보세요.

①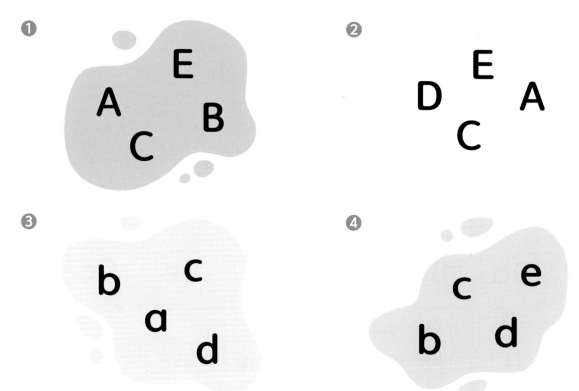

E
A
B
C

② D E C A

③ b c a d

④ c e b d

6 대문자와 소문자가 둘 다 바르게 쓰인 것을 모두 찾아 동그라미 해보세요.

Ɔc   Bd   Aa   Ɑb   Ee

7 알파벳 이름을 잘 듣고 알맞은 알파벳의 대문자와 소문자를 모두 써 보세요.

①

②

③

④

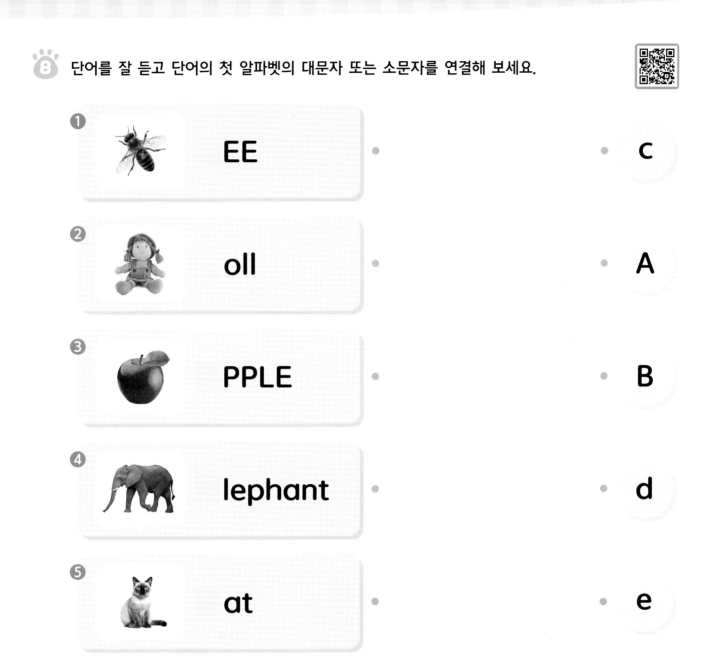

8 단어를 잘 듣고 단어의 첫 알파벳의 대문자 또는 소문자를 연결해 보세요.

① EE · · c

② oll · · A

③ PPLE · · B

④ lephant · · d

⑤ at · · e

9 알파벳 '에이'부터 '이'까지 대문자와 소문자를 순서대로 써 보세요.

에프

알파벳 '에프'를 배워 보아요. 알파벳 대문자 F와 소문자 f는 길쭉하게 생긴 비슷한 모양이에요. 이름은 둘 다 '에프'예요. 알파벳과 단어를 들으며 따라 말해 보세요.

대문자	소문자
F　FISH	**f**　flower

---

1 '에프'라고 읽으면서 대문자 F를 올바른 순서대로 써 보세요.

순서 보기

F로 시작하는 물고기에
스티커를 붙여 보세요.

👆 순서대로 굵은 펜으로 따라 쓰기

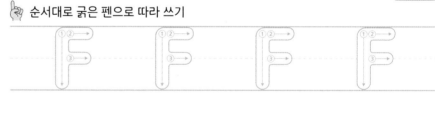

✌ 연필로 점선 따라 쓰기

✋ 연필로 스스로 쓰기　　　❗ 직선을 내려긋고 오른쪽으로 두 개이 선을 그어요.

FISH

2 '에프'라고 읽으면서 소문자 f를 올바른 순서대로 써 보세요.

f로 시작하는 꽃에
스티커를 붙여 보세요.

flower

☝ 순서대로 굵은 펜으로 따라 쓰기

✌ 연필로 점선 따라 쓰기

✋ 연필로 스스로 쓰기　　　　　　　　❗ 대문자 F와 같은 위치에 써요.

3 대문자 F와 소문자 f를 함께 올바른 순서대로 써 보세요.

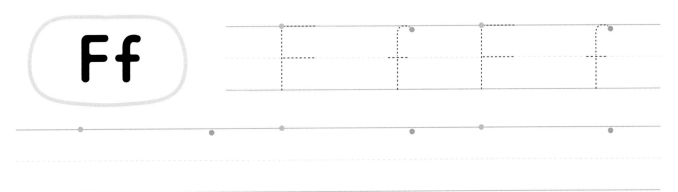

Ff

🐭 퀴즈를 맞혀봐요!

★ '에프'의 대문자, 소문자가 모두 바르게 쓰였으면 O, 틀렸으면 X표를 해 보세요.

❶ F f 　　　❷ F f 　　　❸ ꓞ f

1 알파벳 '에프'를 따라가 물고기가 찾고 있는 꽃이 무엇인지 동그라미 해보세요.

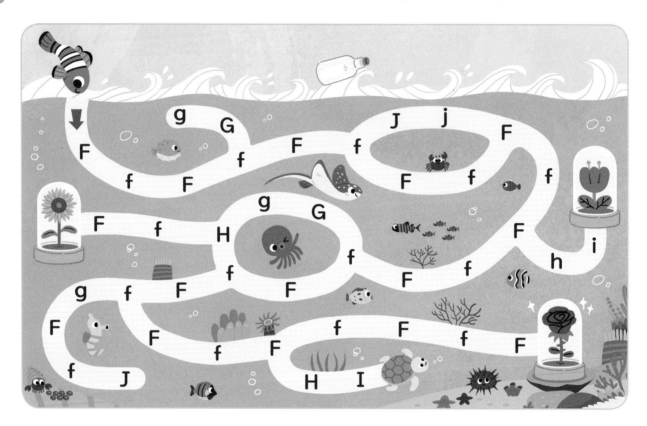

2 대문자 F와 소문자 f가 있는 칸을 모두 찾아 색칠해 보세요.

F

D	F	A
F	E	C
B	I	F

f

f	d	f
a	j	e
f	b	h

1 알파벳 '에프'를 올바르게 써 보세요. 가장 잘 쓴 F와 f에 동그라미 해보세요.

2 대문자 F로 시작하는 단어와 소문자 f로 시작하는 단어끼리 연결해 보세요.

 F ·   · flower ·   · FLOWER

 f ·   · FISH ·   · fish

3 그림을 보고 빈칸에 알맞은 알파벳 '에프'를 써서 단어를 완성해 보세요.

 대문자   ISH   LOWER

 소문자   ish   lower

쥐

알파벳 '쥐'를 배워 보아요. 알파벳 대문자 G와 소문자 g는 모두 둥글게 생긴 모양이에요. 이름은 둘 다 '쥐'예요. 알파벳과 단어를 들으며 따라 말해 보세요.

대문자	소문자
G GORILLA	g grape

1 '쥐'라고 읽으면서 대문자 G를 올바른 순서대로 써 보세요.

순서 보기

G로 시작하는 고릴라에
스티커를 붙여 보세요.

GORILLA

☝ 순서대로 굵은 펜으로 따라 쓰기

G G G G

✌ 연필로 점선 따라 쓰기

G G G G

🖐 연필로 스스로 쓰기

❗ C처럼 쓴 다음 안쪽에 ㄱ을 써요.

2 '쥐'라고 읽으면서 소문자 g를 올바른 순서대로 써 보세요.

g로 시작하는 포도에
스티커를 붙여 보세요.

grape

👆 순서대로 굵은 펜으로 따라 쓰기

✌ 연필로 점선 따라 쓰기

✋ 연필로 스스로 쓰기　　　　❕ 아래 칸에 원을 그린 후 제일 아랫줄 밑으로 내려써요.

3 대문자 G와 소문자 g를 함께 올바른 순서대로 써 보세요.

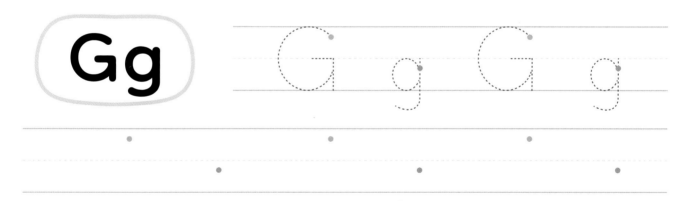

Gg

 퀴즈를 맞혀봐요!

⭐ '쥐'의 대문자, 소문자가 모두 바르게 쓰였으면 O, 틀렸으면 X표를 해 보세요.

① G g **②** G g **③** C g

1 알파벳 '쥐'가 있는 부분을 모두 회색으로 색칠해서 무엇이 보이는지 말해 보세요.

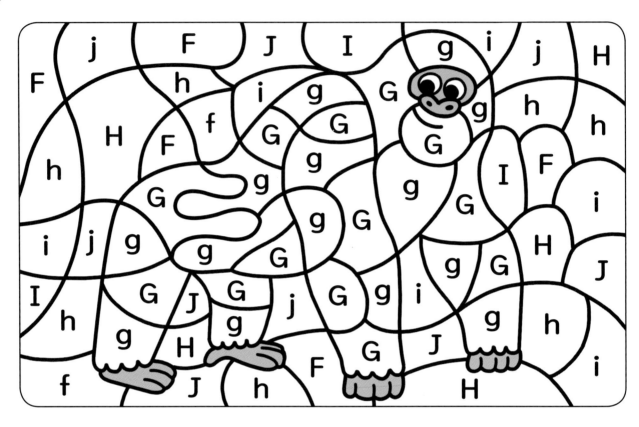

2 대문자 G와 소문자 g를 모두 찾아 동그라미 해보세요.

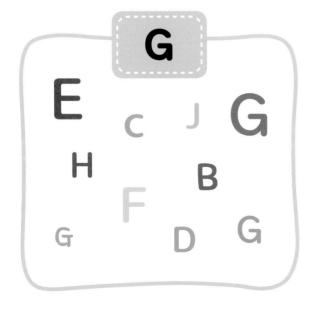

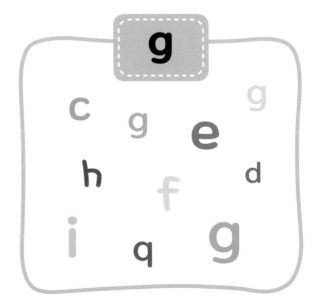

1 알파벳 '쥐'를 올바르게 써 보세요. 가장 잘 쓴 G와 g에 동그라미 해보세요.

G   g

G
g

2 대문자 G로 시작하는 단어와 소문자 g로 시작하는 단어끼리 연결해 보세요.

 G ·   · **grape** ·   · **gorilla**

 g ·   · **GRAPE** ·   · **GORILLA**

3 그림을 보고 빈칸에 알맞은 알파벳 '쥐'를 써서 단어를 완성해 보세요.

❶

❷

대문자 **ORILLA**   **RAPE**

소문자 **orilla**   **rape**

Hh

학습 날짜   월   일

알파벳 '에이치'를 배워 보아요. 알파벳 대문자 H와 소문자 h는 길쭉하게 생긴 비슷한 모양이에요. 이름은 둘 다 '에이치'예요. 알파벳과 단어를 들으며 따라 말해 보세요.

대문자	소문자
H HAT	h horse

1 '에이치'라고 읽으면서 대문자 H를 올바른 순서대로 써 보세요.

순서 보기

H로 시작하는 모자에
스티커를 붙여 보세요.

✌ 순서대로 굵은 펜으로 따라 쓰기

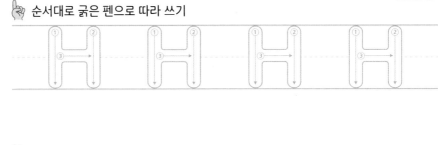

✌ 연필로 점선 따라 쓰기

✌ 연필로 스스로 쓰기   ‼ 내려긋는 두 직선의 길이가 같게 써요.

HAT

2 '에이치'라고 읽으면서 소문자 h를 올바른 순서대로 써 보세요.

h로 시작하는 말에
스티커를 붙여 보세요.

horse

☝ 순서대로 굵은 펜으로 따라 쓰기

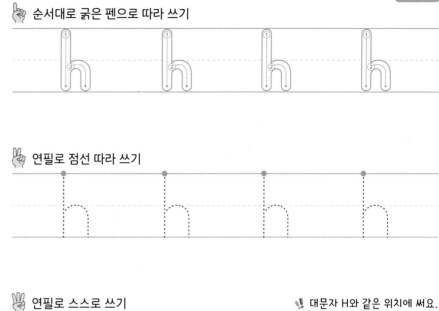

✌ 연필로 점선 따라 쓰기

🤟 연필로 스스로 쓰기　　　　　　　✌ 대문자 H와 같은 위치에 써요.

3 대문자 H와 소문자 h를 함께 올바른 순서대로 써 보세요.

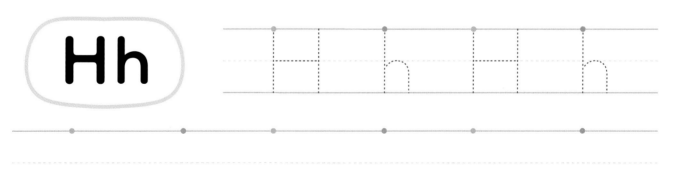

 퀴즈를 맞혀봐요!

★ '에이치'의 대문자, 소문자가 모두 바르게 쓰였으면 O, 틀렸으면 X표를 해 보세요.

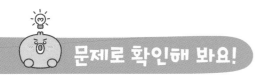

1. 그림 속에 숨어 있는 알파벳 '에이치'를 모두 찾아 동그라미 해보세요.

2. 각 네모 칸에 있는 대문자 H와 소문자 h를 짝지어 보세요.

H	F
h	f

H	h
G	d

a	h
H	J

D	e
H	h

I	h
H	b

h	f
B	H

g	H
C	h

H	E
i	h

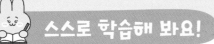 

1 알파벳 '에이치'를 올바르게 써 보세요. 가장 잘 쓴 H와 h에 동그라미 해보세요.

H

h

2 대문자 H로 시작하는 단어와 소문자 h로 시작하는 단어끼리 연결해 보세요.

 •   • HAT •   • hat

 •   • horse •   • HORSE

3 그림을 보고 빈칸에 알맞은 알파벳 '에이치'를 써서 단어를 완성해 보세요.

①

②

대문자   ORSE   AT

소문자   orse   at

알파벳 '아이'를 배워 보아요. 알파벳 대문자 I와 소문자 i는 가느다란 비슷한 모양이에요. 이름은 둘 다 '아이'예요. 알파벳과 단어를 들으며 따라 말해 보세요.

대문자	소문자
I ICE	i island

1 '아이'라고 읽으면서 대문자 I를 올바른 순서대로 써 보세요.

순서 보기

☝ 순서대로 굵은 펜으로 따라 쓰기

I로 시작하는 얼음에 스티커를 붙여 보세요.

✌ 연필로 점선 따라 쓰기

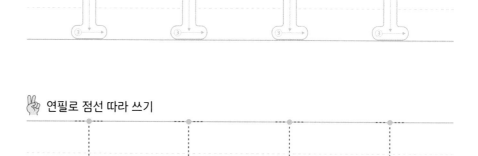

✋ 연필로 스스로 쓰기   ‼ 내려그은 직선 위아래 중앙에 맞춰 선을 짧게 그어요.

ICE

2 '아이'라고 읽으면서 소문자 i를 올바른 순서대로 써 보세요.

순서 보기

i로 시작하는 섬에
스티커를 붙여 보세요.

👆 순서대로 굵은 펜으로 따라 쓰기

✌️ 연필로 점선 따라 쓰기

🤟 연필로 스스로 쓰기

⚠️ 위에는 선이 아닌 동그란 점을 찍어요.

island

3 대문자 I와 소문자 i를 함께 올바른 순서대로 써 보세요.

Ii

📋 **퀴즈를 맞혀봐요!**

★ '아이'의 대문자, 소문자가 모두 바르게 쓰였으면 O, 틀렸으면 X표를 해 보세요.

① Ii 　　

② Iﻧ 　　

③ Ii

1 그림 속에 숨어 있는 대문자 I와 소문자 i를 찾아 스티커를 붙여 보세요.

2 대문자 I와 소문자 i를 모두 찾아 동그라미 해보세요.

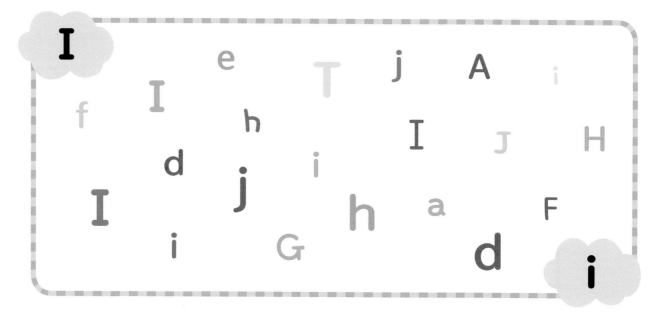

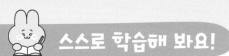

1 알파벳 '아이'를 올바르게 써 보세요. 가장 잘 쓴 I와 i에 동그라미 해보세요.

2 대문자 I로 시작하는 단어와 소문자 i로 시작하는 단어끼리 연결해 보세요.

 I

 i

island   ICE

ISLAND   ice

3 그림을 보고 빈칸에 알맞은 알파벳 '아이'를 써서 단어를 완성해 보세요.

❶

❷

대문자   CE   SLAND

소문자   ce   sland

53

학습 날짜 월 일

제이 Jj

알파벳 '제이'를 배워 보아요. 알파벳 대문자 J와 소문자 j는 끝이 구부러진 비슷한 모양이에요. 이름은 둘 다 '제이'예요. 알파벳과 단어를 들으며 따라 말해 보세요.

대문자		소문자	
J	 JACKET	j	 juice

1 '제이'라고 읽으면서 대문자 J를 올바른 순서대로 써 보세요.

순서 보기

J로 시작하는 재킷에 스티커를 붙여 보세요.

JACKET

순서대로 굵은 펜으로 따라 쓰기

J J J J

연필로 점선 따라 쓰기

연필로 스스로 쓰기

글자의 끝부분은 살짝 구부려서 써요.

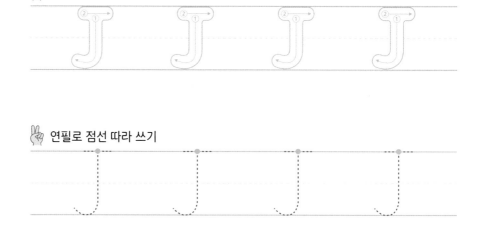

2 '제이'라고 읽으면서 소문자 j를 올바른 순서대로 써 보세요.

j로 시작하는 주스에
스티커를 붙여 보세요.

juice

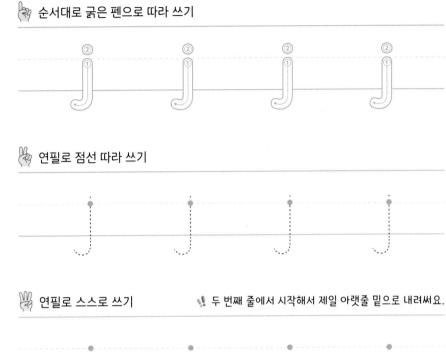

☝ 순서대로 굵은 펜으로 따라 쓰기

✌ 연필로 점선 따라 쓰기

✋ 연필로 스스로 쓰기　　❗ 두 번째 줄에서 시작해서 제일 아랫줄 밑으로 내려써요.

3 대문자 J와 소문자 j를 함께 올바른 순서대로 써 보세요.

J j

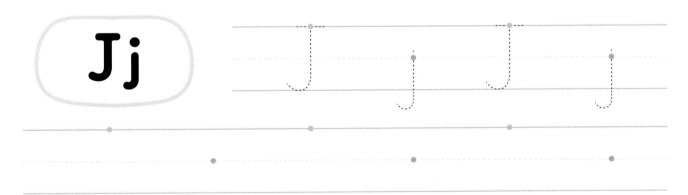

 퀴즈를 맞혀봐요!

★ '제이'의 대문자, 소문자가 모두 바르게 쓰였으면 O, 틀렸으면 X표를 해 보세요.

❶ **J j**　　❷ **J j**　　❸ **T j**

1 알파벳 '제이'를 따라 점을 연결해서 그림을 완성해 보세요.

2 알파벳 '제이'의 대문자와 소문자가 올바르게 짝지어진 것에 동그라미 해보세요.

Jj	Aj	Tt
Ij	Hj	Ji

Jh	Ej	Dj
Jj	Jb	Ti

Cj	Jj	Ja
jf	Fj	Ee

Gj	Jd	Ll
Ij	Jj	Jh

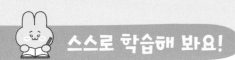
1 알파벳 '제이'를 올바르게 써 보세요. 가장 잘 쓴 J와 j에 동그라미 해보세요.

J

j

2 대문자 J로 시작하는 단어와 소문자 j로 시작하는 단어끼리 연결해 보세요.

J ·   · **juice** ·   · **JUICE**

j ·   · **JACKET** ·   · **jacket**

3 그림을 보고 빈칸에 알맞은 알파벳 '제이'를 써서 단어를 완성해 보세요.

❶   ❷

대문자   UICE   ACKET

소문자   uice   acket

1 그림에 있는 알파벳을 모두 찾아 각각 몇 개인지 써 보세요.

F _____개   g _____개   H _____개   i _____개   J _____개

2 알파벳 대문자와 소문자, 이름을 짝이 되도록 연결해 보세요.

H	f	에이치
I	j	쥐
F	h	제이
G	i	에프
J	g	아이

3 알파벳 대문자와 소문자가 바르게 짝지어진 비눗방울을 모두 찾아 색칠해 보세요.

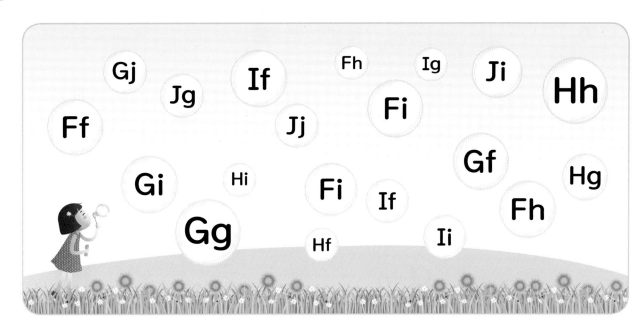

4 빈칸에 알맞은 알파벳의 이름이나 대문자 또는 소문자를 쓰세요.

이름	대문자	소문자
_____	H	
아이		
_____	G	
_____		j
에프		

5 알파벳 이름을 잘 듣고 알맞은 알파벳에 동그라미 해보세요.

❶
H
F
G
I

❷
h
g   f
j

❸
i   g
j   h

❹
J   F
H   G

6 대문자와 소문자가 둘 다 바르게 쓰인 것을 모두 찾아 동그라미 해보세요.

F f   G g   I ɪ   H h   T j

7 알파벳 이름을 잘 듣고 알맞은 알파벳의 대문자와 소문자를 모두 써 보세요.

❶   ❷   ❸   ❹

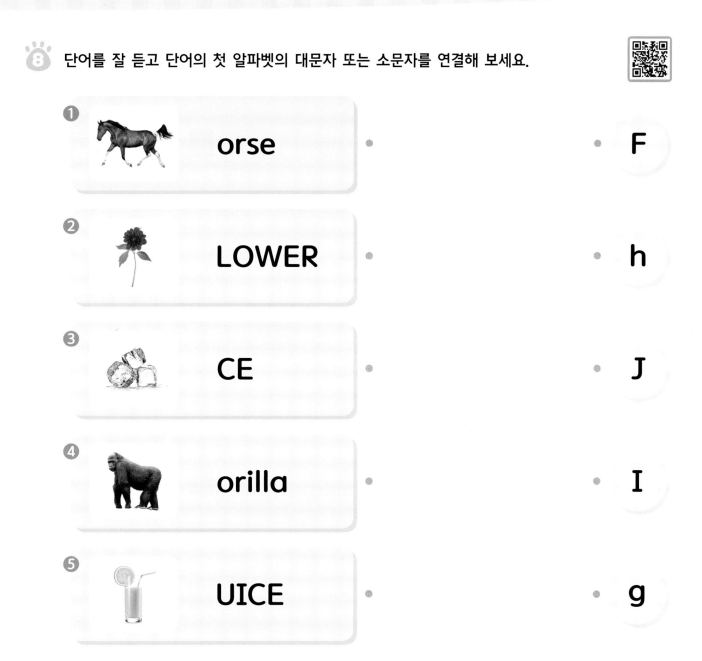

① orse · · F

② LOWER · · h

③ CE · · J

④ orilla · · I

⑤ UICE · · g

9 알파벳 '에프'부터 '제이'까지 대문자와 소문자를 순서대로 써 보세요.

케이

알파벳 '케이'를 배워 보아요. 알파벳 대문자 K와 소문자 k는 비슷한 모양이고 이름은 둘 다 '케이'예요. 알파벳과 단어를 들으며 따라 말해 보세요.

대문자   소문자

KING   key

1 '케이'라고 읽으면서 대문자 K를 올바른 순서대로 써 보세요.

순서 보기

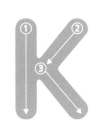

K로 시작하는 왕에
스티커를 붙여 보세요.

KING

☝ 순서대로 굵은 펜으로 따라 쓰기

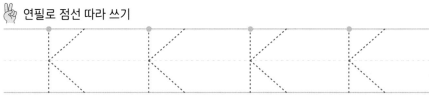
✌ 연필로 점선 따라 쓰기

🖐 연필로 스스로 쓰기   ‼ 두 개의 사선은 직선 중앙에 맞춰서 써요.

2 '케이'라고 읽으면서 소문자 k를 올바른 순서대로 써 보세요.

☝ 순서대로 굵은 펜으로 따라 쓰기

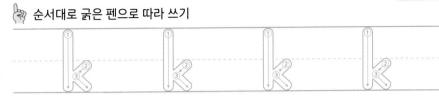

k로 시작하는 열쇠에
스티커를 붙여 보세요.

✌ 연필로 점선 따라 쓰기

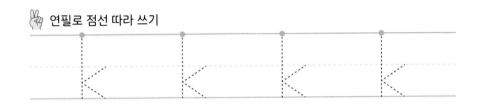

🖐 연필로 스스로 쓰기　　　　‼ 제일 윗줄에서 시작하고 사선은 모두 아래 칸에 써요.

key

3 대문자 K와 소문자 k를 함께 올바른 순서대로 써 보세요.

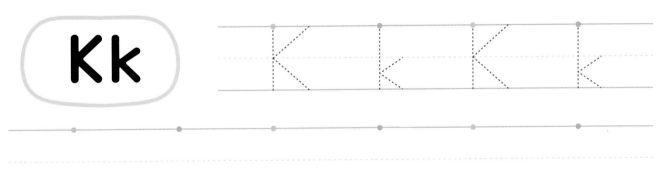

 **퀴즈를 맞혀봐요!**

★ '케이'의 대문자, 소문자가 모두 바르게 쓰였으면 O, 틀렸으면 X표를 해 보세요.

1 알파벳 '케이'를 따라가 캥거루 왕이 찾고 있는 물건이 무엇인지 동그라미 해보세요.

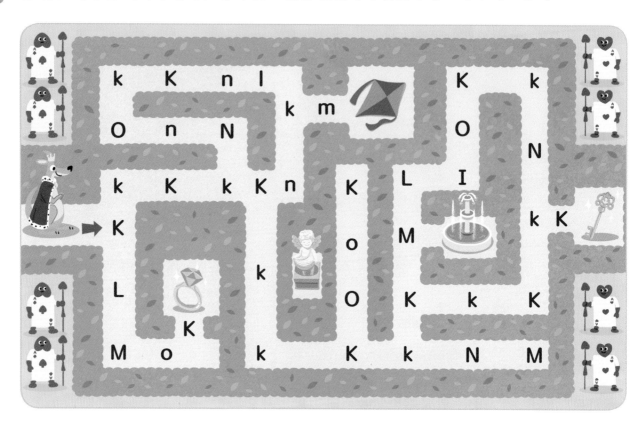

2 대문자 K와 소문자 k가 있는 칸을 모두 찾아 색칠해 보세요.

K

K	E	K
G	K	H
N	M	F

k

k	l	o
k	i	k
m	d	n

1 알파벳 '케이'를 올바르게 써 보세요. 가장 잘 쓴 K와 k에 동그라미 해보세요.

K

k

Kk

2 대문자 K로 시작하는 단어와 소문자 k로 시작하는 단어끼리 연결해 보세요.

 K ·   · **key** ·   · **KING**

 k ·   · **KEY** ·   · **king**

3 그림을 보고 빈칸에 알맞은 알파벳 '케이'를 써서 단어를 완성해 보세요.

 ❶   ❷

 대문자   ING   EY

 소문자   ing   ey

알파벳 '엘'을 배워 보아요. 알파벳 대문자 L과 소문자 l의 모양은 달라도 이름은 둘 다 '엘'이예요. 알파벳과 단어를 들으며 따라 말해 보세요.

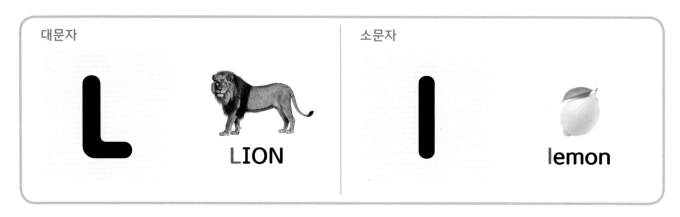

대문자	소문자

1 '엘'이라고 읽으면서 대문자 L을 올바른 순서대로 써 보세요.

순서 보기

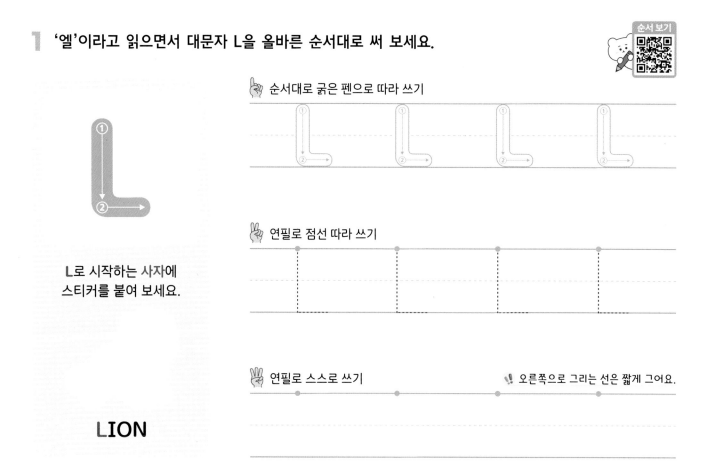

👆 순서대로 굵은 펜으로 따라 쓰기

✌️ 연필로 점선 따라 쓰기

🖐️ 연필로 스스로 쓰기

‼️ 오른쪽으로 그리는 선은 짧게 그어요.

L로 시작하는 사자에
스티커를 붙여 보세요.

LION

2 '엘'이라고 읽으면서 소문자 l을 올바른 순서대로 써 보세요.

l로 시작하는 레몬에
스티커를 붙여 보세요.

lemon

☝ 순서대로 굵은 펜으로 따라 쓰기

✌ 연필로 점선 따라 쓰기

✋ 연필로 스스로 쓰기

‼ 제일 윗줄에서 직선을 곧게 내려그어요.

3 대문자 L과 소문자 l을 함께 올바른 순서대로 써 보세요.

Ll

🐹 퀴즈를 맞혀봐요!

★ '엘'의 대문자, 소문자가 모두 바르게 쓰였으면 O, 틀렸으면 X표를 해 보세요.

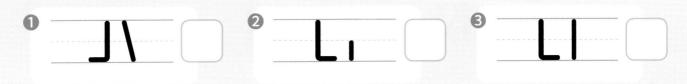

❶ 　　　❷ 　　　❸

1. 알파벳 '엘'이 있는 부분을 모두 노란색으로 색칠해서 무엇이 보이는지 말해 보세요.

2. 대문자 L과 소문자 l을 모두 찾아 동그라미 해보세요.

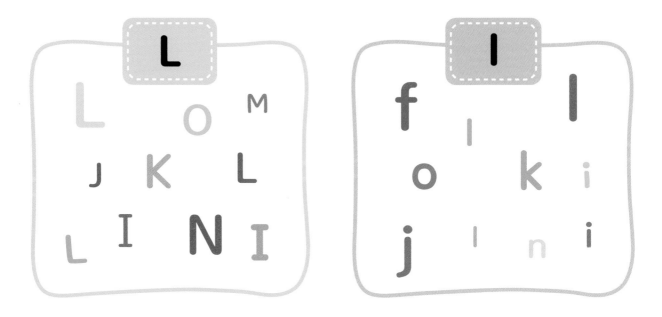

스스로 학습해 봐요!

1 알파벳 '엘'을 올바르게 써 보세요. 가장 잘 쓴 L과 l에 동그라미 해보세요.

2 대문자 L로 시작하는 단어와 소문자 l로 시작하는 단어끼리 연결해 보세요.

 ·   · **LION** ·   · **lemon**

 ·   · **lion** ·   · **LEMON**

3 그림을 보고 빈칸에 알맞은 알파벳 '엘'을 써서 단어를 완성해 보세요.

❶   ❷

대문자 **EMON**   **ION**

소문자 **emon**   **ion**

69

Mm

알파벳 '엠'을 배워 보아요. 알파벳 대문자 M과 소문자 m은 비슷하면서도 다른 모양이에요. 이름은 둘 다 '엠'이에요. 알파벳과 단어를 들으며 따라 말해 보세요.

대문자

M

MONKEY

소문자

m

music

1 '엠'이라고 읽으면서 대문자 M을 올바른 순서대로 써 보세요.

순서 보기

M으로 시작하는 원숭이에
스티커를 붙여 보세요.

MONKEY

 순서대로 굵은 펜으로 따라 쓰기

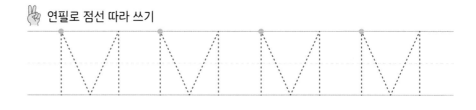

✌️ 연필로 점선 따라 쓰기

🖐️ 연필로 스스로 쓰기   ‼️ 위쪽이 뾰족한 모양이 되도록 써요.

2 '엠'이라고 읽으면서 소문자 m을 올바른 순서대로 써 보세요.

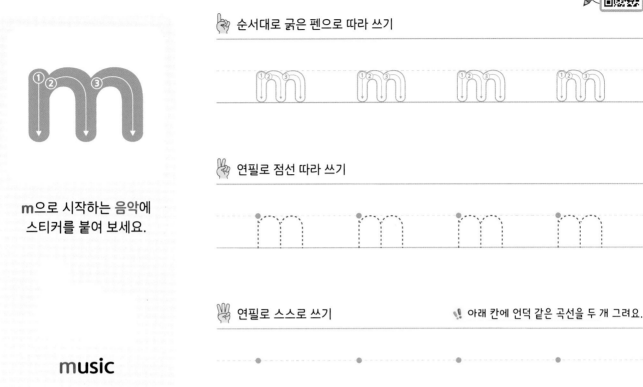

👆 순서대로 굵은 펜으로 따라 쓰기

✌️ 연필로 점선 따라 쓰기

🖐️ 연필로 스스로 쓰기　　　　🖌️ 아래 칸에 언덕 같은 곡선을 두 개 그려요.

m으로 시작하는 음악에
스티커를 붙여 보세요.

music

3 대문자 M과 소문자 m을 함께 올바른 순서대로 써 보세요.

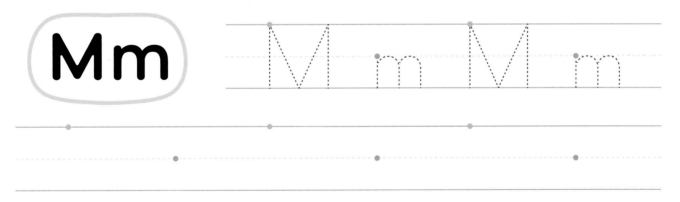

🐭 **퀴즈를 맞혀봐요!**

★ '엠'의 대문자, 소문자가 모두 바르게 쓰였으면 O, 틀렸으면 X표를 해 보세요.

① m n 　　　**②** W m 　　　**③** M m

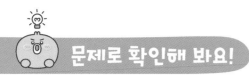

1 그림 속에 숨어 있는 알파벳 '엠'을 모두 찾아 동그라미 해보세요.

2 각 네모 칸에 있는 대문자 M과 소문자 m을 짝지어 보세요.

F M	M b	M m	m K
m h	B m	I L	i M

g M	N n	M H	I m
O m	M m	m n	M i

1 알파벳 '엠'을 올바르게 써 보세요. 가장 잘 쓴 M과 m에 동그라미 해보세요.

2 대문자 M으로 시작하는 단어와 소문자 m으로 시작하는 단어끼리 연결해 보세요.

 M •   • MONKEY •   • music

 m •   • monkey •   • MUSIC

3 그림을 보고 빈칸에 알맞은 알파벳 '엠'을 써서 단어를 완성해 보세요.

❶   ❷

대문자 USIC   ONKEY

소문자 usic   onkey

학습 날짜   월   일

알파벳 '엔'을 배워 보아요. 알파벳 대문자 N과 소문자 n은 비슷하면서도 다른 모양이에요. 이름은 둘 다 '엔'이에요. 알파벳과 단어를 들으며 따라 말해 보세요.

대문자	소문자
N NURSE	**n** nest

1 '엔'이라고 읽으면서 대문자 N을 올바른 순서대로 써 보세요.

N으로 시작하는 간호사에
스티커를 붙여 보세요.

NURSE

☝ 순서대로 굵은 펜으로 따라 쓰기

✌ 연필로 점선 따라 쓰기

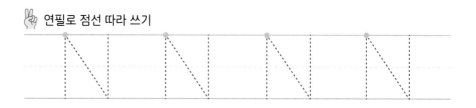

🖐 연필로 스스로 쓰기   ‼ 사선은 왼쪽 위에서 오른쪽 아래로 내려그어요.

2 '엔'이라고 읽으면서 소문자 n을 올바른 순서대로 써 보세요.

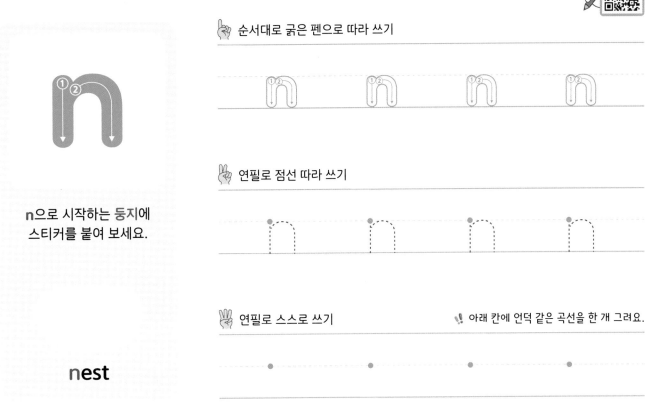

☝ 순서대로 굵은 펜으로 따라 쓰기

✌ 연필로 점선 따라 쓰기

🖐 연필로 스스로 쓰기　　　　‼ 아래 칸에 언덕 같은 곡선을 한 개 그려요.

n으로 시작하는 둥지에
스티커를 붙여 보세요.

nest

3 대문자 N과 소문자 n을 함께 올바른 순서대로 써 보세요.

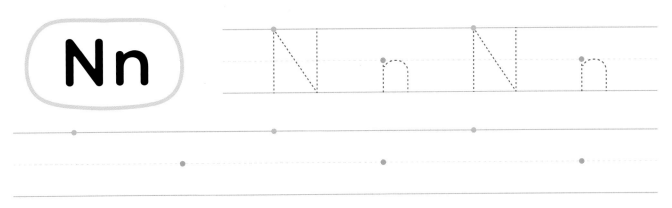

🐿 **퀴즈를 맞혀봐요!**

★ '엔'의 대문자, 소문자가 모두 바르게 쓰였으면 O, 틀렸으면 X표를 해 보세요.

① Nn （　） ② Νn （　） ③ Nm （　）

1 그림 속에 숨어 있는 대문자 N과 소문자 n을 찾아 스티커를 붙여 보세요.

2 대문자 N과 소문자 n을 모두 찾아 동그라미 해보세요.

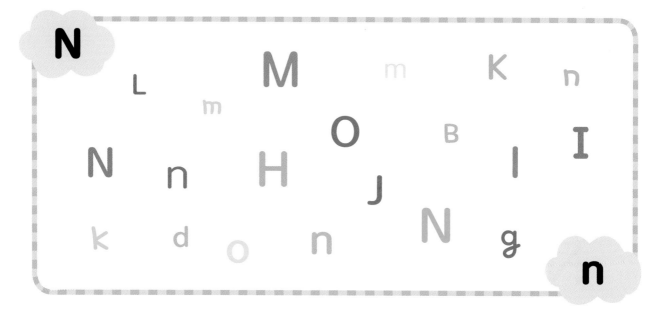

1 알파벳 '엔'을 올바르게 써 보세요. 가장 잘 쓴 N과 n에 동그라미 해보세요.

2 대문자 N으로 시작하는 단어와 소문자 n으로 시작하는 단어끼리 연결해 보세요.

N ·

n ·

· nest ·

· NURSE ·

· NEST

· nurse

3 그림을 보고 빈칸에 알맞은 알파벳 '엔'을 써서 단어를 완성해 보세요.

❶

❷

대문자 URSE

소문자 urse

대문자 EST

소문자 est

오

알파벳 '오'를 배워 보아요. 알파벳 대문자 O와 소문자 o는 똑같은 모양이지만 크기가 달라요. 이름은 둘 다 '오'예요. 알파벳과 단어를 들으며 따라 말해 보세요.

대문자	소문자
O ORANGE	o owl

1 '오'라고 읽으면서 대문자 O를 올바른 순서대로 써 보세요.

순서 보기

O로 시작하는 오렌지에
스티커를 붙여 보세요.

ORANGE

👉 순서대로 굵은 펜으로 따라 쓰기

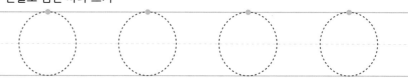

✌️ 연필로 점선 따라 쓰기

🖐️ 연필로 스스로 쓰기   ❗ 두 칸에 맞게 큰 동그라미를 둥글게 그려요.

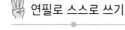

2 '오'라고 읽으면서 소문자 o를 올바른 순서대로 써 보세요.

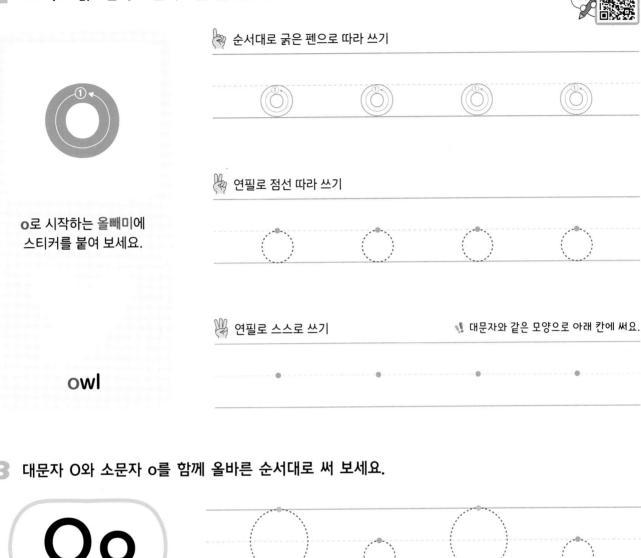

👆 순서대로 굵은 펜으로 따라 쓰기

✌️ 연필로 점선 따라 쓰기

o로 시작하는 올빼미에
스티커를 붙여 보세요.

🖐 연필로 스스로 쓰기　　　　　　　　🖋 대문자와 같은 모양으로 아래 칸에 써요.

owl

3 대문자 O와 소문자 o를 함께 올바른 순서대로 써 보세요.

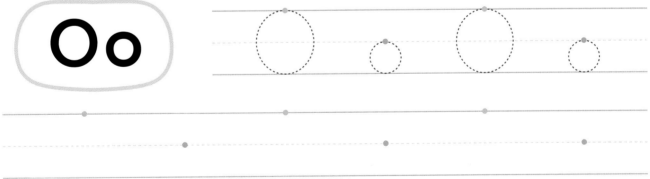

🐭 **퀴즈를 맞혀봐요!**

⭐ '오'의 대문자, 소문자가 모두 바르게 쓰였으면 O, 틀렸으면 X표를 해 보세요.

1 알파벳 '오'를 따라 점을 연결해서 그림을 완성해 보세요.

2 알파벳 '오'의 대문자와 소문자가 올바르게 짝지어진 것에 동그라미 해보세요.

Oo	Co	Ll
Ok	Oe	Bb

Oc	Ca	Mm
Go	Oo	Ff

Ob	Nn	Oo
Kk	Gg	Mo

Do	Ol	Oa
Oo	Jj	Cc

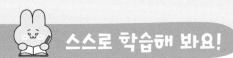 **스스로 학습해 봐요!**

 혼자서 잘할 수 있었나요?

1 알파벳 '오'를 올바르게 써 보세요. 가장 잘 쓴 O와 o에 동그라미 해보세요.

O

o

O

2 대문자 O로 시작하는 단어와 소문자 o로 시작하는 단어끼리 연결해 보세요.

O ·   · owl   · OWL

o ·   · ORANGE   · orange

3 그림을 보고 빈칸에 알맞은 알파벳 '오'를 써서 단어를 완성해 보세요.

❶   ❷

대문자   RANGE   WL

소문자   range   wl

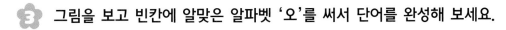

1 그림에 있는 알파벳을 모두 찾아 각각 몇 개인지 써 보세요.

k _____ 개   L _____ 개   m _____ 개   N _____ 개   O _____ 개

2 알파벳 대문자와 소문자, 이름을 짝이 되도록 연결해 보세요.

L	k	엠
O	m	케이
N	o	엔
K	l	엘
M	n	오

3 알파벳 대문자와 소문자가 바르게 짝지어진 칸을 모두 색칠해서 길을 찾아보세요.

출발

Mm	Kk	Km	Nn	Lm	Kn
Kl	Ll	Mm	Ol	Nl	Lo
Lm	Kn	Oo	Nn	Ll	Mk
Ok	Lo	Mo	Nm	Kk	Oo

도착

4 알파벳 이름을 보고 알맞은 알파벳의 대문자와 소문자를 써 보세요.

이름	대문자	소문자
엔		
엠		
오		
엘		
케이		

5 알파벳 이름을 잘 듣고 알맞은 알파벳에 동그라미 해보세요.

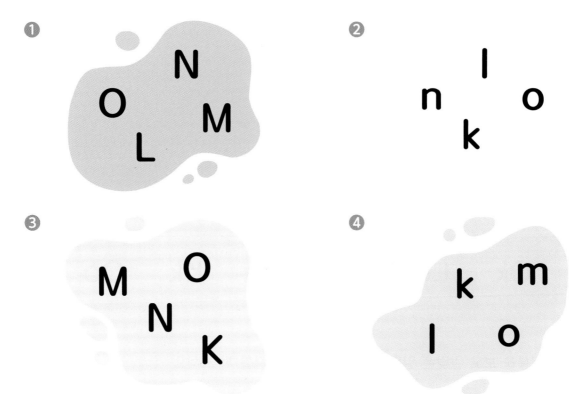

❶
N
O
L M

❷
l
n o
k

❸
M O
N
K

❹
k m
l o

6 대문자와 소문자가 둘 다 바르게 쓰인 것을 모두 찾아 동그라미 해보세요.

Иn   Kк   Oo   Lʟ   Mm

7 알파벳 이름을 잘 듣고 알맞은 알파벳의 대문자와 소문자를 모두 써 보세요.

❶   ❷   ❸   ❹

8 단어를 잘 듣고 단어의 첫 알파벳의 대문자 또는 소문자를 연결해 보세요.

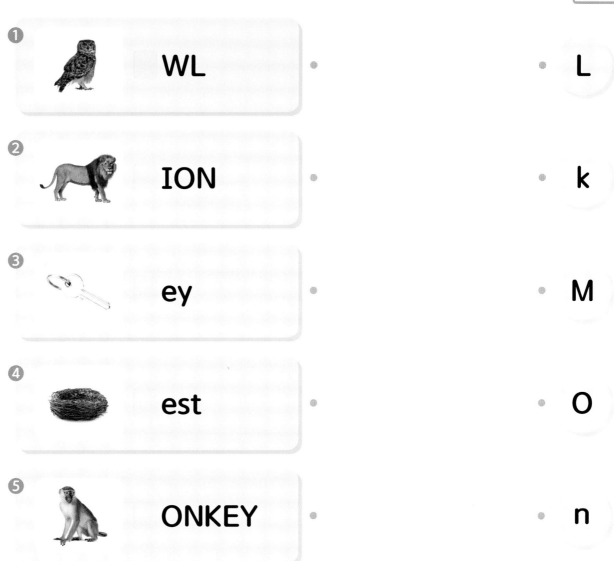

① WL · · L

② ION · · k

③ ey · · M

④ est · · O

⑤ ONKEY · · n

9 알파벳 '케이'부터 '오'까지 대문자와 소문자를 순서대로 써 보세요.

Kk

피 **Pp**

알파벳 '피'를 배워 보아요. 알파벳 대문자 P와 소문자 p는 같은 모양이지만 쓰는 위치가 달라요. 이름은 둘 다 '피'예요. 알파벳과 단어를 들으며 따라 말해 보세요.

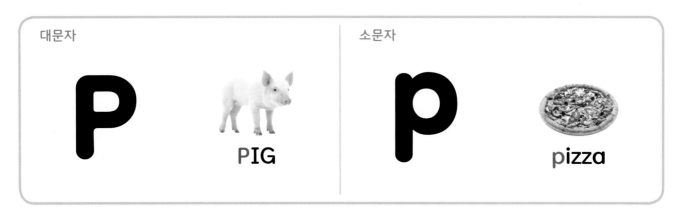

대문자	소문자
P PIG	**p** pizza

1 '피'라고 읽으면서 대문자 P를 올바른 순서대로 써 보세요.

순서 보기

P

P로 시작하는 **돼지**에 스티커를 붙여 보세요.

PIG

👆 순서대로 굵은 펜으로 따라 쓰기

P P P P

✌️ 연필로 점선 따라 쓰기

P P P P

🖐️ 연필로 스스로 쓰기   ❗ 직선 오른쪽 위쪽에 반원 모양을 그려요.

2 '피'라고 읽으면서 소문자 p를 올바른 순서대로 써 보세요.

p로 시작하는 피자에
스티커를 붙여 보세요.

pizza

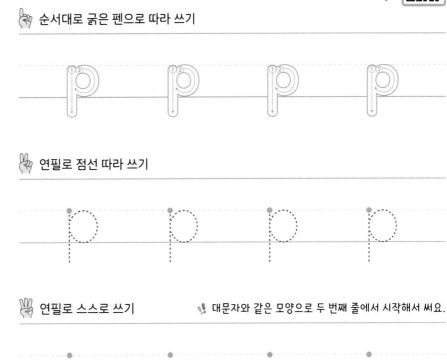

👉 순서대로 굵은 펜으로 따라 쓰기

✌ 연필로 점선 따라 쓰기

🖐 연필로 스스로 쓰기　　❗ 대문자와 같은 모양으로 두 번째 줄에서 시작해서 써요.

3 대문자 P와 소문자 p를 함께 올바른 순서대로 써 보세요.

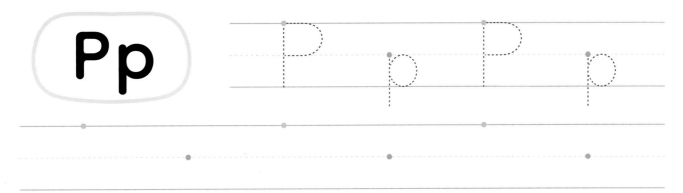

🐭 퀴즈를 맞혀봐요!

⭐ '피'의 대문자, 소문자가 모두 바르게 쓰였으면 O, 틀렸으면 X표를 해 보세요.

1 알파벳 '피'를 따라가 돼지가 찾고 있는 가게가 어디인지 동그라미 해보세요.

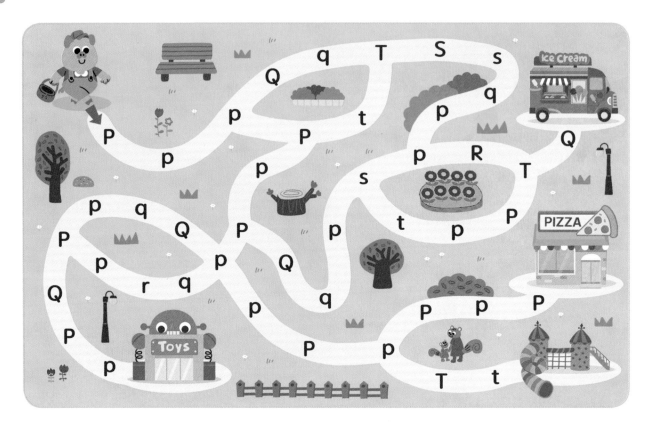

2 대문자 P와 소문자 p가 있는 칸을 모두 찾아 색칠해 보세요.

P

K	H	P
T	P	F
P	Q	O

p

p	s	r
q	h	p
t	q	p

1 알파벳 '피'를 올바르게 써 보세요. 가장 잘 쓴 P와 p에 동그라미 해보세요.

P

p

P

p

2 대문자 P로 시작하는 단어와 소문자 p로 시작하는 단어끼리 연결해 보세요.

 P •   • **pig** •   • **PIZZA**

 p •   • **PIG** •   • **pizza**

3 그림을 보고 빈칸에 알맞은 알파벳 '피'를 써서 단어를 완성해 보세요.

①   **②**

대문자   **IG**   **IZZA**

소문자   **ig**   **izza**

큐 Qq

학습 날짜 월 일

알파벳 '큐'를 배워 보아요. 알파벳 대문자 Q와 소문자 q의 모양은 달라도 이름은 둘 다 '큐'예요. 알파벳과 단어를 들으며 따라 말해 보세요.

대문자		소문자	
Q	 QUEEN	q	 question

1 '큐'라고 읽으면서 대문자 Q를 올바른 순서대로 써 보세요.

순서 보기

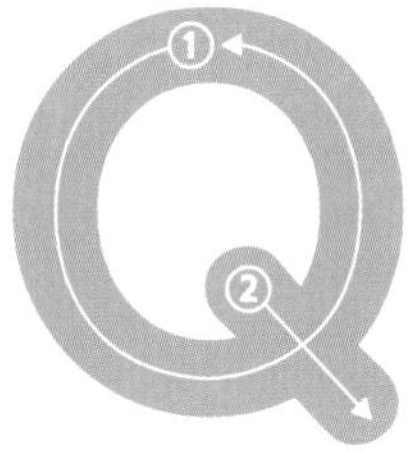

Q로 시작하는 여왕에 스티커를 붙여 보세요.

QUEEN

순서대로 굵은 펜으로 따라 쓰기

연필로 점선 따라 쓰기

연필로 스스로 쓰기

동그라미 오른쪽 안에서 사선을 그어요.

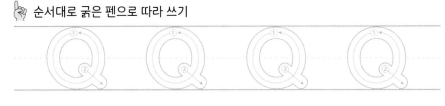

2 '큐'라고 읽으면서 소문자 q를 올바른 순서대로 써 보세요.

q로 시작하는 질문에
스티커를 붙여 보세요.

question

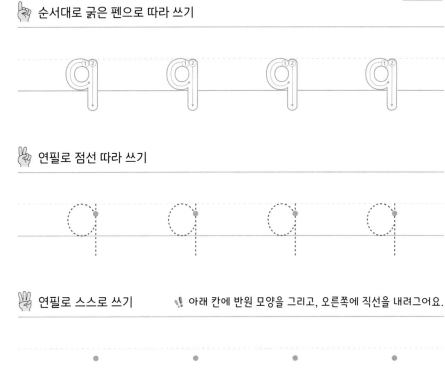

👉 순서대로 굵은 펜으로 따라 쓰기

✌️ 연필로 점선 따라 쓰기

🖐️ 연필로 스스로 쓰기   ✌️ 아래 칸에 반원 모양을 그리고, 오른쪽에 직선을 내려그어요.

3 대문자 Q과 소문자 q을 함께 올바른 순서대로 써 보세요.

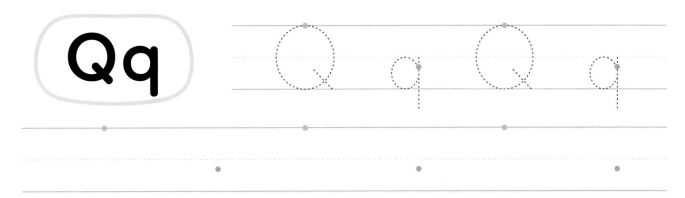

🐭 **퀴즈를 맞혀봐요!**

★ '큐'의 대문자, 소문자가 모두 바르게 쓰였으면 O, 틀렸으면 X표를 해 보세요.

❶ Qq ☐   **❷** Qp ☐   **❸** Oq ☐

1 알파벳 '큐'가 있는 부분을 모두 보라색으로 색칠해서 무엇이 보이는지 말해 보세요.

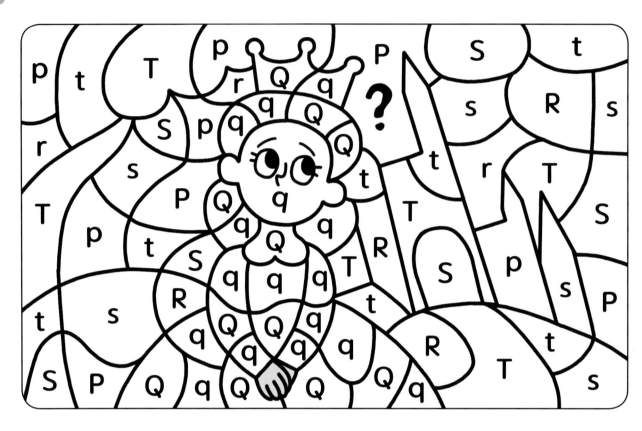

2 대문자 Q와 소문자 q를 모두 찾아 동그라미 해보세요.

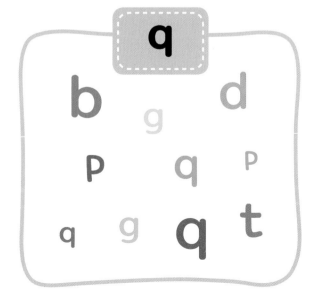

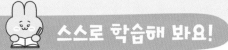

 알파벳 '큐'를 올바르게 써 보세요. 가장 잘 쓴 Q과 q에 동그라미 해보세요.

Q   q

Qq

 대문자 Q로 시작하는 단어와 소문자 q로 시작하는 단어끼리 연결해 보세요.

 Q ·   · **QUESTION** ·   · **queen**

 q ·   · **question** ·   · **QUEEN**

 그림을 보고 빈칸에 알맞은 알파벳 '큐'를 써서 단어를 완성해 보세요.

❶   ❷

 UESTION   **UEEN**

 uestion   **ueen**

학습 날짜   월   일

알파벳 '알'을 배워 보아요. 알파벳 대문자 R과 소문자 r의 모양은 달라도 이름은 둘 다 '알'이에 요. 알파벳과 단어를 들으며 따라 말해 보세요.

대문자	소문자
R RABBIT	r ribbon

1 '알'이라고 읽으면서 대문자 R을 올바른 순서대로 써 보세요.

✌ 순서대로 굵은 펜으로 따라 쓰기

R로 시작하는 토끼에 스티커를 붙여 보세요.

✌ 연필로 점선 따라 쓰기

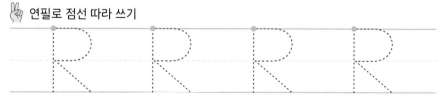

✌ 연필로 스스로 쓰기   ❗ 직선 오른쪽 위쪽에는 반원을 그리고, 아래는 사선을 그어요.

RABBIT

2 '알'이라고 읽으면서 소문자 r을 올바른 순서대로 써 보세요.

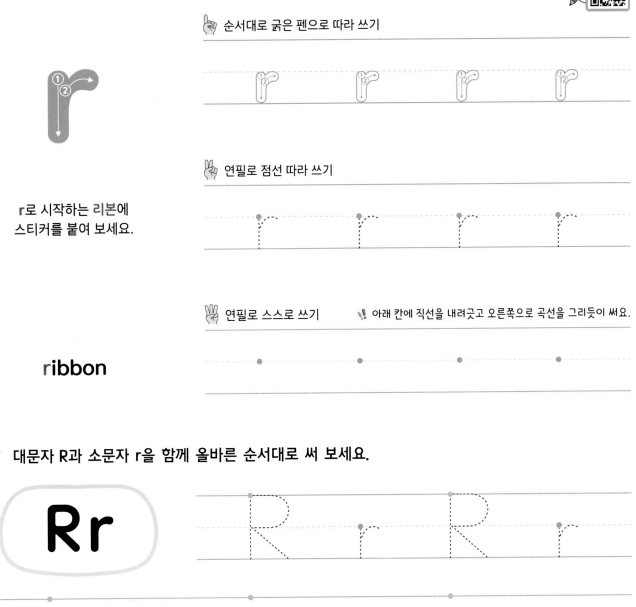

✌️ 순서대로 굵은 펜으로 따라 쓰기

✌️ 연필로 점선 따라 쓰기

r로 시작하는 리본에
스티커를 붙여 보세요.

🖐️ 연필로 스스로 쓰기   ❗ 아래 칸에 직선을 내려긋고 오른쪽으로 곡선을 그리듯이 써요.

ribbon

3 대문자 R과 소문자 r을 함께 올바른 순서대로 써 보세요.

Rr

🐭 **퀴즈를 맞혀봐요!**

★ '알'의 대문자, 소문자가 모두 바르게 쓰였으면 O, 틀렸으면 X표를 해 보세요.

❶ Rʋ ☐   ❷ Rr ☐   ❸ Яɾ ☐

1 그림 속에 숨어 있는 알파벳 '알'을 모두 찾아 동그라미 해보세요.

2 각 네모 칸에 있는 대문자 R과 소문자 r을 짝지어 보세요.

R P	M R	R L	q K
r h	r m	l r	R r

R r	N R	F f	O r
P p	i r	R r	R o

1 알파벳 '알'을 올바르게 써 보세요. 가장 잘 쓴 R과 r에 동그라미 해보세요.

R

r

R

r

2 대문자 R로 시작하는 단어와 소문자 r로 시작하는 단어끼리 연결해 보세요.

 R ·

· **RABBIT** ·

· **ribbon**

 r ·

· **rabbit** ·

· **RIBBON**

3 그림을 보고 빈칸에 알맞은 알파벳 '알'을 써서 단어를 완성해 보세요.

①

②

 대문자 　IBBON

ABBIT

 소문자 　ibbon

abbit

에스

알파벳 '에스'를 배워 보아요. 알파벳 대문자 S와 소문자 s는 똑같은 모양이지만 크기가 달라요. 이름은 둘 다 '에스'예요. 알파벳과 단어를 들으며 따라 말해 보세요.

대문자		소문자	
S	SNAKE	s	star

1 '에스'라고 읽으면서 대문자 S를 올바른 순서대로 써 보세요.

　순서 보기

✌ 순서대로 굵은 펜으로 따라 쓰기

S로 시작하는 뱀에 스티커를 붙여 보세요.

✌ 연필로 점선 따라 쓰기

✋ 연필로 스스로 쓰기　　　‼ 오른쪽부터 시작해서 곡선을 그리듯이 써요.

SNAKE

2 '에스'라고 읽으면서 소문자 s를 올바른 순서대로 써 보세요.

☝ 순서대로 굵은 펜으로 따라 쓰기

Ⓢ Ⓢ Ⓢ Ⓢ

✌ 연필로 점선 따라 쓰기

s s s s

s로 시작하는 별에
스티커를 붙여 보세요.

✋ 연필로 스스로 쓰기   ❗ 대문자와 같은 모양으로 아래 칸에 써요.

s**tar**

3 대문자 S와 소문자 s를 함께 올바른 순서대로 써 보세요.

S s S s

퀴즈를 맞혀봐요!

★ '에스'의 대문자, 소문자가 모두 바르게 쓰였으면 O, 틀렸으면 X표를 해 보세요.

❶ Ƨs ☐   ❷ Ss ☐   ❸ 5s ☐

1 그림 속에 숨어 있는 대문자 S와 소문자 s를 찾아 스티커를 붙여 보세요.

2 대문자 S와 소문자 s를 모두 찾아 동그라미 해보세요.

S

S C s R S

Q T s r t c

S C p N

S F E S e l

S

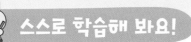 
 1 알파벳 '에스'를 올바르게 써 보세요. 가장 잘 쓴 S와 s에 동그라미 해보세요.

S

s

S

s

2 대문자 S로 시작하는 단어와 소문자 s로 시작하는 단어끼리 연결해 보세요.

 S ·

· snake ·   · SNAKE

s ·

· STAR ·   · star

3 그림을 보고 빈칸에 알맞은 알파벳 '에스'를 써서 단어를 완성해 보세요.

❶

❷

대문자   TAR   NAKE

소문자   tar   nake

101

티

Tt

학습 날짜　　월　　일

알파벳 '티'를 배워 보아요. 알파벳 대문자 T와 소문자 t는 모양은 달라도 이름은 둘 다 '티'예요. 알파벳과 단어를 들으며 따라 말해 보세요.

대문자

T TIGER

소문자

t tree

1 '티'라고 읽으면서 대문자 T를 올바른 순서대로 써 보세요.

순서 보기

T로 시작하는 호랑이에
스티커를 붙여 보세요.

☝ 순서대로 굵은 펜으로 따라 쓰기

✌ 연필로 점선 따라 쓰기

🖐 연필로 스스로 쓰기　　✊ 내려그은 직선 중앙에 맞춰 제일 윗줄에 가로선을 그어요.

TIGER

2 '티'라고 읽으면서 소문자 t를 올바른 순서대로 써 보세요.

t로 시작하는 나무에
스티커를 붙여 보세요.

tree

☝ 순서대로 굵은 펜으로 따라 쓰기

✌ 연필로 점선 따라 쓰기

✌ 연필로 스스로 쓰기   ‼ 가로선은 두 번째 줄에 맞춰 짧게 그어요.

3 대문자 T와 소문자 t를 함께 올바른 순서대로 써 보세요.

Tt

🐭 퀴즈를 맞혀봐요!

★ '티'의 대문자, 소문자가 모두 바르게 쓰였으면 O, 틀렸으면 X표를 해 보세요.

❶ Tt ☐   ❷ Tt ☐   ❸ Гt ☐

1 알파벳 '티'를 따라 점을 연결해서 그림을 완성해 보세요.

2 알파벳 '티'의 대문자와 소문자가 올바르게 짝지어진 것에 동그라미 해보세요.

Pp	Qt	Rr
Ot	Tt	Tm

Tr	Ll	Tt
Ii	Kt	Ff

Rr	Tp	Qq
Tt	Ti	Lt

Tt	Cc	Qt
To	Tk	Nn

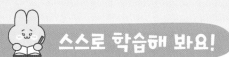
1 알파벳 '티'를 올바르게 써 보세요. 가장 잘 쓴 T와 t에 동그라미 해보세요.

2 대문자 T로 시작하는 단어와 소문자 t로 시작하는 단어끼리 연결해 보세요.

T •   • **TIGER** •   • **tree**

t •   • **tiger** •   • **TREE**

3 그림을 보고 빈칸에 알맞은 알파벳 '티'를 써서 단어를 완성해 보세요.

①   ②

 REE    **IGER**

 ree    **iger**

Review 4 Pp, Qq, Rr, Ss, Tt

1 그림에 있는 알파벳을 모두 찾아 각각 몇 개인지 써 보세요.

P ____개   Q ____개   r ____개   s ____개   t ____개

2 알파벳 대문자와 소문자, 이름을 짝이 되도록 연결해 보세요.

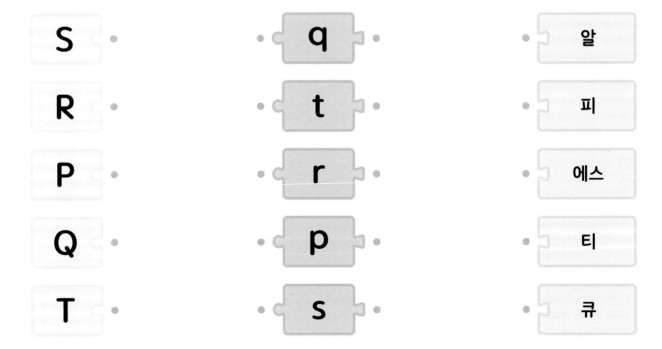

S	q	알
R	t	피
P	r	에스
Q	p	티
T	s	큐

3 알파벳 대문자와 소문자가 바르게 짝지어진 컵케이크를 모두 찾아 색칠해 보세요.

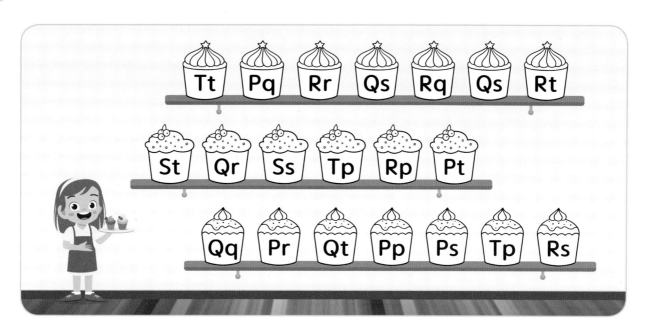

4 빈칸에 알맞은 알파벳의 이름이나 대문자 또는 소문자를 쓰세요.

이름	대문자	소문자
_____	Q	
_____		s
알		
_____		p
티		

5 알파벳 이름을 잘 듣고 알맞은 알파벳에 동그라미 해보세요.

❶

Q
P
S R

❷

t
s r
p

❸

t q
p
s

❹

T P
Q R

6 대문자와 소문자가 둘 다 바르게 쓰인 것을 모두 찾아 동그라미 해보세요.

Гt   Qq   Rr   Ƨƨ   Pp

7 알파벳 이름을 잘 듣고 알맞은 알파벳의 대문자와 소문자를 모두 써 보세요.

❶ _____   **❷** _____   **❸** _____   **❹** _____

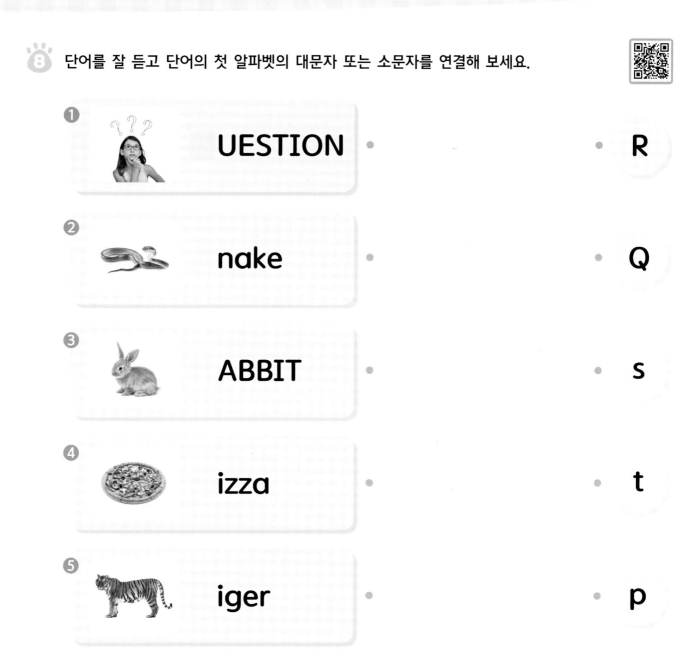

8 단어를 잘 듣고 단어의 첫 알파벳의 대문자 또는 소문자를 연결해 보세요.

❶ UESTION · · R

❷ nake · · Q

❸ ABBIT · · s

❹ izza · · t

❺ iger · · p

9 알파벳 '피'부터 '티'까지 대문자와 소문자를 순서대로 써 보세요.

Uu

알파벳 '유'를 배워 보아요. 알파벳 대문자 U와 소문자 u는 거의 같은 모양이지만 크기가 달라요. 이름은 둘 다 '유'예요. 알파벳과 단어를 들으며 따라 말해 보세요.

대문자	소문자

U   UNCLE   u   umbrella

1 '유'라고 읽으면서 대문자 U를 올바른 순서대로 써 보세요.

순서 보기

U로 시작하는 삼촌에
스티커를 붙여 보세요.

UNCLE

☝ 순서대로 굵은 펜으로 따라 쓰기

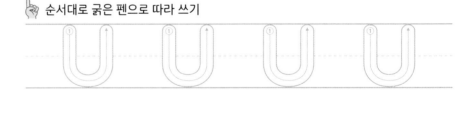

✌ 연필로 점선 따라 쓰기

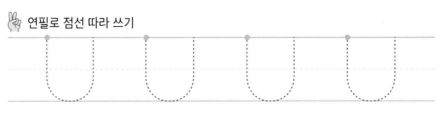

🖐 연필로 스스로 쓰기   ❗ 제일 윗줄에서 시작해 아래로 오목한 모양이 되도록 써요.

2 '유'라고 읽으면서 소문자 u를 올바른 순서대로 써 보세요.

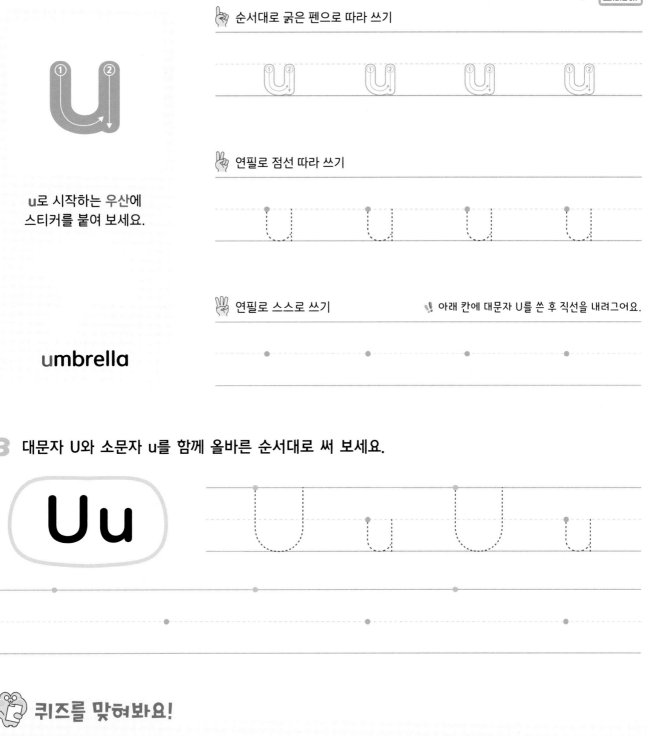

☝️ 순서대로 굵은 펜으로 따라 쓰기

u로 시작하는 우산에
스티커를 붙여 보세요.

✌️ 연필로 점선 따라 쓰기

🤟 연필로 스스로 쓰기　　　　✍️ 아래 칸에 대문자 U를 쓴 후 직선을 내려그어요.

umbrella

3 대문자 U와 소문자 u를 함께 올바른 순서대로 써 보세요.

U u

🐭 **퀴즈를 맞혀봐요!**

★ '유'의 대문자, 소문자가 모두 바르게 쓰였으면 O, 틀렸으면 X표를 해 보세요.

❶ U u 　　　 ❷ ∩ n 　　　 ❸ U u

1 알파벳 '유'를 따라가 삼촌이 찾고 있는 물건이 무엇인지 동그라미 해보세요.

2 대문자 U와 소문자 u가 있는 칸을 모두 찾아 색칠해 보세요.

U

W	U	M
U	Y	L
V	U	Z

u

u	v	n
r	z	u
o	u	c

1 알파벳 '유'를 올바르게 써 보세요. 가장 잘 쓴 U와 u에 동그라미 해보세요.

2 대문자 U로 시작하는 단어와 소문자 u로 시작하는 단어끼리 연결해 보세요.

U ·

· umbrella ·

· UMBRELLA

u ·

· UNCLE ·

· uncle

3 그림을 보고 빈칸에 알맞은 알파벳 '유'를 써서 단어를 완성해 보세요.

❶

❷

 대문자   NCLE

 MBRELLA

 소문자   ncle

mbrella

113

학습 날짜   월   일

알파벳 '브이'를 배워 보아요. 알파벳 대문자 V와 소문자 v는 똑같은 모양이지만 크기가 달라요. 이름은 둘 다 '브이'예요. 알파벳과 단어를 들으며 따라 말해 보세요.

대문자

V   VIOLIN

소문자

v   vest

1 '브이'라고 읽으면서 대문자 V를 올바른 순서대로 써 보세요.

순서 보기

☝ 순서대로 굵은 펜으로 따라 쓰기

V로 시작하는 바이올린에
스티커를 붙여 보세요.

VIOLIN

✌ 연필로 점선 따라 쓰기

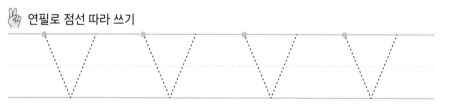

🖐 연필로 스스로 쓰기   ❗ 아래가 뾰족하도록 사선을 내려그은 후, 다시 올려 그어요.

2 '브이'라고 읽으면서 소문자 v를 올바른 순서대로 써 보세요.

👉 순서대로 굵은 펜으로 따라 쓰기

✌️ 연필로 점선 따라 쓰기

v로 시작하는 조끼에
스티커를 붙여 보세요.

✋ 연필로 스스로 쓰기　　　　❗ 대문자와 같은 모양으로 아래 칸에 써요.

vest

3 대문자 V와 소문자 v을 함께 올바른 순서대로 써 보세요.

V v

🐸 퀴즈를 맞혀봐요!

⭐ '브이'의 대문자, 소문자가 모두 바르게 쓰였으면 O, 틀렸으면 X표를 해 보세요.

① U u ☐　　　**②** V v ☐　　　**③** Λ ʌ ☐

1 알파벳 '브이'가 있는 부분을 모두 갈색으로 색칠해서 무엇이 보이는지 말해 보세요.

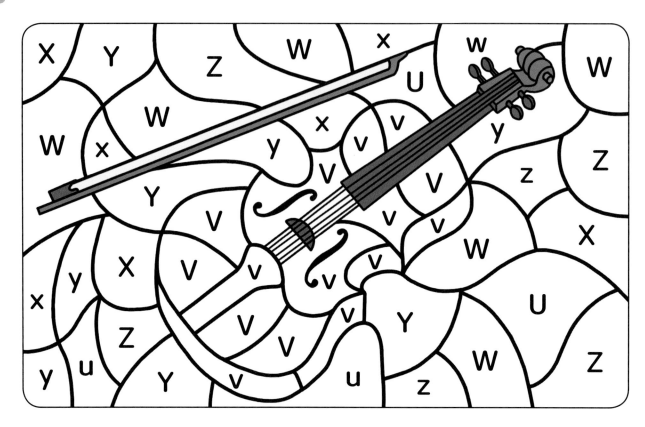

2 대문자 V와 소문자 v를 모두 찾아 동그라미 해보세요.

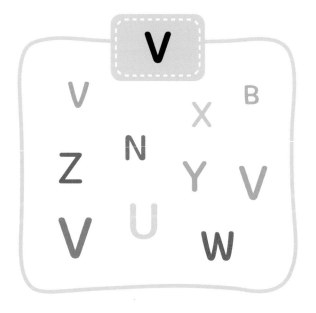

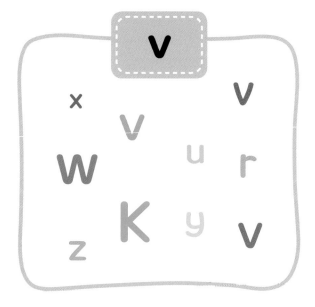

1 알파벳 '브이'를 올바르게 써 보세요. 가장 잘 쓴 V와 v에 동그라미 해보세요.

2 대문자 V로 시작하는 단어와 소문자 v로 시작하는 단어끼리 연결해 보세요.

 V · · VEST · · violin

 v · · vest · · VIOLIN

3 그림을 보고 빈칸에 알맞은 알파벳 '브이'를 써서 단어를 완성해 보세요.

❶   ❷

 IOLIN   **EST**

 iolin   est

알파벳 '더블유'를 배워 보아요. 알파벳 대문자 W와 소문자 w는 똑같은 모양이지만 크기가 달라요. 이름은 둘 다 '더블유'예요. 알파벳과 단어를 들으며 따라 말해 보세요.

대문자		소문자	

WINDOW   watch

1 '더블유'라고 읽으면서 대문자 W를 올바른 순서대로 써 보세요.

순서 보기

W로 시작하는 창문에
스티커를 붙여 보세요.

WINDOW

✌ 순서대로 굵은 펜으로 따라 쓰기

✌ 연필로 점선 따라 쓰기

✌ 연필로 스스로 쓰기   ✌ 아래가 뾰족하도록 V를 두 번 연결해서 써요.

2 '더블유'라고 읽으면서 소문자 w를 올바른 순서대로 써 보세요.

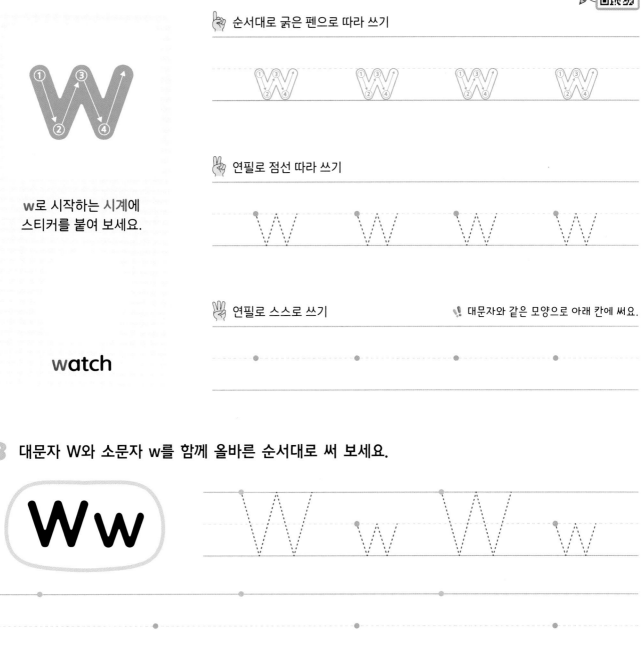

☝ 순서대로 굵은 펜으로 따라 쓰기

w로 시작하는 시계에
스티커를 붙여 보세요.

✌ 연필로 점선 따라 쓰기

watch

🖐 연필로 스스로 쓰기　　　　　　⚠ 대문자와 같은 모양으로 아래 칸에 써요.

3 대문자 W와 소문자 w를 함께 올바른 순서대로 써 보세요.

퀴즈를 맞혀봐요!

★ '더블유'의 대문자, 소문자가 모두 바르게 쓰였으면 O, 틀렸으면 X표를 해 보세요.

❶ ✕w　　　❷ Ww　　　❸ Mм

1 그림 속에 숨어 있는 알파벳 '더블유'를 모두 찾아 동그라미 해보세요.

2 각 네모 칸에 있는 대문자 W와 소문자 w를 짝지어 보세요.

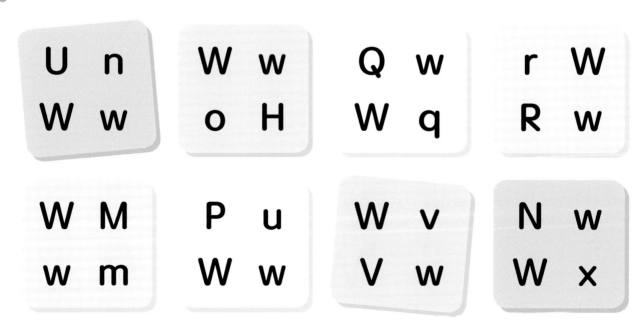

| U n | W w | Q w | r W |
| W w | o H | W q | R w |

| W M | P u | W v | N w |
| w m | W w | V w | W x |

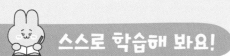
1 알파벳 '더블유'를 올바르게 써 보세요. 가장 잘 쓴 W와 w에 동그라미 해보세요.

2 대문자 W로 시작하는 단어와 소문자 w로 시작하는 단어끼리 연결해 보세요.

W ·

· window ·

· **WINDOW**

w ·

· **WATCH** ·

· watch

3 그림을 보고 빈칸에 알맞은 알파벳 '더블유'를 써서 단어를 완성해 보세요.

❶

❷

대문자   ATCH   INDOW

소문자   atch   indow

알파벳 '엑스'를 배워 보아요. 알파벳 대문자 X와 소문자 x는 똑같은 모양이지만 크기가 달라요. 이름은 둘 다 '엑스'예요. 알파벳과 단어를 들으며 따라 말해 보세요.

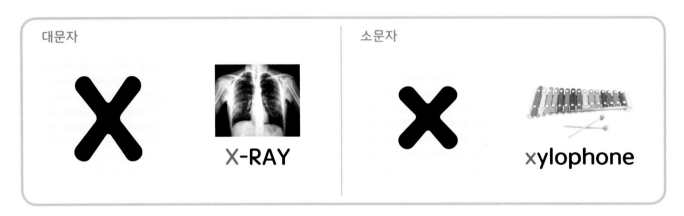

대문자	소문자
X X-RAY	x xylophone

1 '엑스'라고 읽으면서 대문자 X를 올바른 순서대로 써 보세요.

순서 보기

X로 시작하는 엑스레이에
스티커를 붙여 보세요.

X-RAY

☝ 순서대로 굵은 펜으로 따라 쓰기

✌ 연필로 점선 따라 쓰기

🤟 연필로 스스로 쓰기   ❕ 두 개의 사선이 가운데에서 만나요.

2 '엑스'라고 읽으면서 소문자 x를 올바른 순서대로 써 보세요.

☝ 순서대로 굵은 펜으로 따라 쓰기

✌ 연필로 점선 따라 쓰기

🖐 연필로 스스로 쓰기   ✌ 대문자와 같은 모양으로 아래 칸에 써요.

x로 시작하는 실로폰에
스티커를 붙여 보세요.

xylophone

3 대문자 X와 소문자 x를 함께 올바른 순서대로 써 보세요.

Xx

🐭 **퀴즈를 맞혀봐요!**

★ '엑스'의 대문자, 소문자가 모두 바르게 쓰였으면 O, 틀렸으면 X표를 해 보세요.

❶ **Xx** ( )   ❷ **Xx** ( )   ❸ **Xˣ** ( )

1 그림 속에 숨어 있는 대문자 X와 소문자 x를 찾아 스티커를 붙여 보세요.

2 대문자 X와 소문자 x를 모두 찾아 동그라미 해보세요.

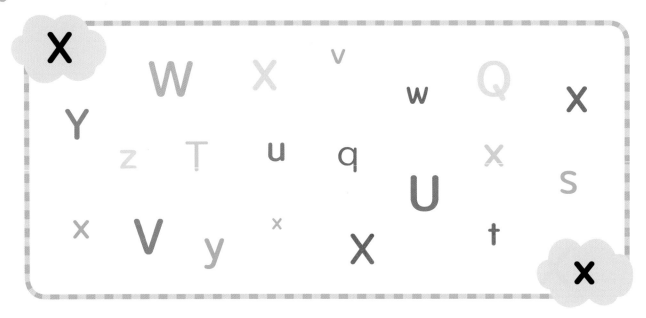

1 알파벳 '엑스'를 올바르게 써 보세요. 가장 잘 쓴 X와 x에 동그라미 해보세요.

2 대문자 X로 시작하는 단어와 소문자 x로 시작하는 단어끼리 연결해 보세요.

X · · **XYLOPHONE** · **x-ray**

x · · **xylophone** · **X-RAY**

3 그림을 보고 빈칸에 알맞은 알파벳 '엑스'를 써서 단어를 완성해 보세요.

❶ 　　❷

대문자　　　-RAY　　　YLOPHONE

소문자　　　-ray　　　ylophone

알파벳 '와이'를 배워 보아요. 알파벳 대문자 Y와 소문자 y는 비슷하게 생겼고 이름은 둘 다 '와이'예요. 알파벳과 단어를 들으며 따라 말해 보세요.

대문자		소문자	
Y	YO-YO	**y**	yogurt

1 '와이'라고 읽으면서 대문자 Y를 올바른 순서대로 써 보세요.

순서 보기

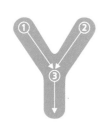

Y로 시작하는 요요에
스티커를 붙여 보세요.

YO-YO

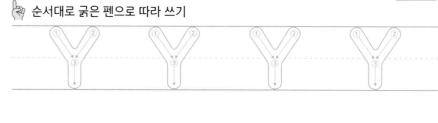

✌️ 순서대로 굵은 펜으로 따라 쓰기

✌️ 연필로 점선 따라 쓰기

✋ 연필로 스스로 쓰기   ✒️ 두 사선이 만나는 두 번째 줄에서 직선을 내려그어요.

2 '와이'라고 읽으면서 소문자 y를 올바른 순서대로 써 보세요.

y로 시작하는 요구르트에
스티커를 붙여 보세요.

yogurt

✏️ 순서대로 굵은 펜으로 따라 쓰기

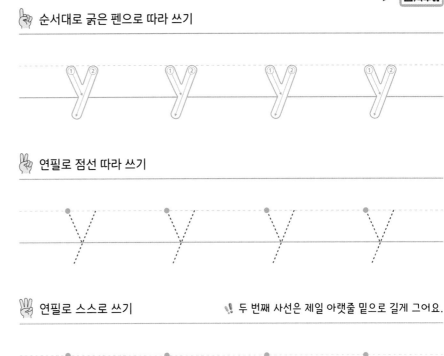

✌️ 연필로 점선 따라 쓰기

🖐️ 연필로 스스로 쓰기　　　　　❗ 두 번째 사선은 제일 아랫줄 밑으로 길게 그어요.

3 대문자 Y와 소문자 y를 함께 올바른 순서대로 써 보세요.

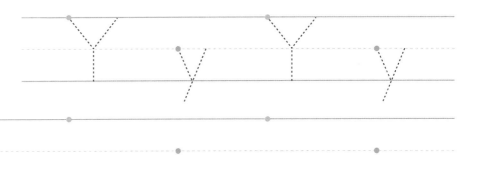

 퀴즈를 맞혀봐요!

⭐ '와이'의 대문자, 소문자가 모두 바르게 쓰였으면 O, 틀렸으면 X표를 해 보세요.

❶ 　❷  　❸

1 알파벳 '와이'를 따라 점을 연결해서 그림을 완성해 보세요.

2 알파벳 '와이'의 대문자와 소문자가 올바르게 짝지어진 것에 동그라미 해보세요.

Uy	Yt	Ww
Yy	Tu	Xy

Yx	Yy	Vv
Wy	Xx	Ty

Yt	Vv	Qy
Wy	Tt	Yy

Zy	Uu	Qy
Yy	Oo	Yx

1 알파벳 '와이'를 올바르게 써 보세요. 가장 잘 쓴 Y와 y에 동그라미 해보세요.

2 대문자 Y로 시작하는 단어와 소문자 y로 시작하는 단어끼리 연결해 보세요.

  Y •

• YO-YO •

• YOGURT

  y •

• yogurt •

• yo-yo

3 그림을 보고 빈칸에 알맞은 알파벳 '와이'를 써서 단어를 완성해 보세요.

❶

❷

대문자   OGURT

O- O

소문자   ogurt

o- o

지

Zz

학습 날짜 월 일

알파벳 '지'를 배워 보아요. 알파벳 대문자 Z와 소문자 z는 똑같은 모양이지만 크기가 달라요. 이름은 둘 다 '지'예요. 알파벳과 단어를 들으며 따라 말해 보세요.

대문자

Z

ZEBRA

소문자

z

ZOO

1 '지'라고 읽으면서 대문자 Z를 올바른 순서대로 써 보세요.

순서 보기

순서대로 굵은 펜으로 따라 쓰기

연필로 점선 따라 쓰기

연필로 스스로 쓰기

사선은 제일 윗줄 오른쪽에서 제일 아랫줄 왼쪽으로 그어요.

Z로 시작하는 얼룩말에 스티커를 붙여 보세요.

ZEBRA

2 '지'라고 읽으면서 소문자 z를 올바른 순서대로 써 보세요.

☞ 순서대로 굵은 펜으로 따라 쓰기

✌ 연필로 점선 따라 쓰기

z로 시작하는 동물원에
스티커를 붙여 보세요.

🖐 연필로 스스로 쓰기　　　　　‼ 대문자와 같은 모양으로 아래 칸에 써요.

ZOO

3 대문자 Z와 소문자 z를 함께 올바른 순서대로 써 보세요.

Zz

🐦 퀴즈를 맞혀봐요!

★ '지'의 대문자, 소문자가 모두 바르게 쓰였으면 O, 틀렸으면 X표를 해 보세요.

❶ Zs 　　　**❷** Zᶻ 　　　**❸** Zz

1 알파벳 '지'를 따라가 얼룩말이 가고 있는 장소가 어디인지 동그라미 해보세요.

2 대문자 Z와 소문자 z가 있는 칸을 모두 찾아 색칠해 보세요.

Z

Z	V	T
X	U	Z
Y	Z	M

z

y	w	o
k	z	u
z	v	z

 알파벳 '지'를 올바르게 써 보세요. 가장 잘 쓴 Z와 z에 동그라미 해보세요.

Z

Zz

 대문자 Z로 시작하는 단어와 소문자 z로 시작하는 단어끼리 연결해 보세요.

Z ·   · zebra ·   · zoo

z ·   · ZEBRA ·   · ZOO

 그림을 보고 빈칸에 알맞은 알파벳 '지'를 써서 단어를 완성해 보세요.

①    ②

 OO   **EBRA**

 oo   ebra

133

학습 날짜 월 일

① 그림에 있는 알파벳을 모두 찾아 각각 몇 개인지 써 보세요.

U ＿＿개   v ＿＿개   W ＿＿개   x ＿＿개   Z ＿＿개

② 알파벳 대문자와 소문자, 이름을 짝이 되도록 연결해 보세요.

U		v		와이
X		y		브이
Z		x		유
V		u		지
Y		z		엑스

3 알파벳 대문자와 소문자가 바르게 짝지어진 칸을 모두 색칠해서 길을 찾아보세요.

출발

Uu	Xx	Xv	Vw	Uw	Xu
Xz	Vv	Yx	Uu	Vv	Zz
Yw	Ww	Zz	Yy	Yu	Xx
Zy	Uv	Wu	Vx	Xy	Ww

도착

4 알파벳 이름을 보고 알맞은 알파벳의 대문자와 소문자를 써 보세요.

이름	대문자	소문자
유		
더블유		
와이		
브이		
지		

135

5 알파벳 이름을 잘 듣고 알맞은 알파벳에 동그라미 해보세요.

❶

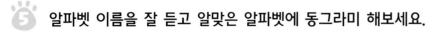

y
u
w
v

❷

X
W
V
Z

❸

Y
V
W
U

❹

x
u
y
z

6 대문자와 소문자가 둘 다 바르게 쓰인 것을 모두 찾아 동그라미 해보세요.

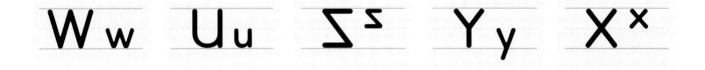

Ww Uu Zƨ Yy Xˣ

7 알파벳 이름을 잘 듣고 알맞은 알파벳의 대문자와 소문자를 모두 써 보세요.

❶   ❷   ❸   ❹

8 단어를 잘 듣고 단어의 첫 알파벳의 대문자 또는 소문자를 연결해 보세요.

1 IOLIN

2 ebra

3 ATCH

4 -RAY

5 ogurt

W

X

y

z

V

9 알파벳 '브이'부터 '지'까지 대문자와 소문자를 순서대로 써 보세요.

알파벳의 이름을 말하고, 알파벳과 이름을 알맞게 연결해 보세요.

Jj	엔
Nn	이
Ee	디
Kk	엠
Dd	엘
Ll	제이
Aa	쥐
Mm	케이
Gg	에이치
Hh	에이

Oo   피

Ii   아이

Ww   유

Pp   브이

Yy   오

Uu   더블유

Qq   지

Zz   와이

Vv   큐

Tt   티

대문자 옆에 짝이 되는 소문자를 써 보세요.

A →

K →

Q →

B →

W →

P →

D →

S →

G →

M →

Z →

U →

H →

F →

L →

N →

C →

T →

R →

X →

I →

V →

E →

Y →

O →

J →

소문자 옆에 짝이 되는 대문자를 써 보세요.

f →

g →

o →

v →

p →

b →

w →

y →

x →

i →

c →

k →

q →

t →

h →

e →

u →

n →

z →

s →

d →

l →

m →

a →

r →

j →

알파벳 듣고 쓰기

알파벳 이름을 잘 듣고 알맞은 알파벳을 대문자로 써 보세요.

1

2

3

4

5

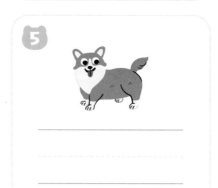

6

7

8

9

10

11

12

알파벳 이름을 잘 듣고 알맞은 알파벳을 소문자로 써 보세요.

Alphabet Story

이야기를 들으며 해당하는 알파벳을 손으로 짚어보세요.

Our Alphabet Necklaces

We are making alphabet necklaces.
A, B, C, D, E, F, G, H, I, J, K, L, M, N, O, P!

Oh, wait! What comes next?

144

Right! Q! Here we go again!

Q, R, S, T, U, V, W, X, Y, Z!
We love our alphabet necklaces!

다음 알파벳 대문자를 소리 내어 읽어보세요.

A G U C F O X E P R K I B
V J N L D H Z M Q S T W Y

알파벳 대문자를 순서대로 삼선에 스스로 써 보세요.

다음 알파벳 소문자를 소리 내어 읽어보세요.

c a d o e n h l u m b f g
i j k p q z s r t y v x w

알파벳 소문자를 순서대로 삼선에 스스로 써 보세요.

알파벳 쓰기 ~ 학습 점검표

알파벳 쓰기 학습을 얼마나 잘했는지 점검해 봐요. 각 문항을 읽고 😊 또는 🙁에 체크해 보세요. 😊가 몇 개인지 세어보고 알파벳 실력을 확인해 보세요.

알파벳 인지 및 읽기		
알파벳 대문자를 모두 읽을 수 있어요.	😊	🙁
알파벳 소문자를 모두 읽을 수 있어요.	😊	🙁
알파벳 대문자, 소문자의 짝을 찾을 수 있어요.	😊	🙁
알파벳 이름을 듣고 올바른 글자를 찾을 수 있어요.	😊	🙁

알파벳 쓰기		
알파벳 대문자를 삼선에 바르게 쓸 수 있어요.	😊	🙁
알파벳 소문자를 삼선에 바르게 쓸 수 있어요.	😊	🙁
알파벳 대문자와 소문자를 바꿔서 쓸 수 있어요.	😊	🙁

알파벳 성취감		
26개 알파벳의 이름을 순서대로 말할 수 있어요.	😊	🙁
알파벳 쓰기에 자신감이 생겼어요.	😊	🙁
영어 공부가 더 하고 싶어요.	😊	🙁

😊 9~10개 **Excellent** 알파벳 대문자, 소문자를 모두 잘 읽고 쓰게 된 것을 축하합니다. 계속해서 자신감 있게 영어 공부를 해 나가세요!

😊 6~8개 **Good** 알파벳 대문자, 소문자를 대체로 잘 읽고 쓰고 있군요. 헷갈리는 알파벳은 다시 연습해 보세요. 잘하고 있어요!

😊 5개 이하 **Progressing** 알파벳 대문자, 소문자를 읽거나 쓰는 게 어려워도 걱정하지 말아요. 지금은 배우는 중인걸요. 연습한 알파벳들을 다시 공부해서 실력을 키워보아요!

단어 쓰기 노트

각 알파벳의 대표 단어를 쓰면서
알파벳 쓰기도 복습하고 기초 영어 단어도 익혀요.

단어를 따라 써 보고, 혼자서도 써 보세요.

Aa

ANT

ant

APPLE

apple

Bb

BEAR

bear

BEE

bee

Cc

CAT

cat

CAKE

cake

Dd

DOG   dog

DOLL   doll

Ee

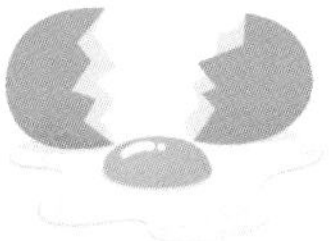

EGG   egg

ELEPHANT   elephant

Ff

FISH   fish

FLOWER   flower

GORILLA   gorilla

GRAPE   grape

Hh

HAT   hat

HORSE   horse

Ii

ICE   ice

ISLAND   island

Jj

JACKET   jacket

JUICE   juice

Kk

KING   king

KEY   key

Ll

LION   lion

LEMON   lemon

Mm

MONKEY monkey

MUSIC music

Nn

NURSE nurse

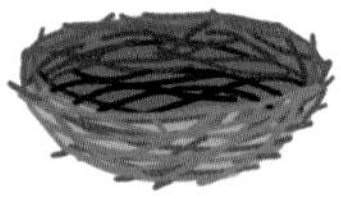

NEST nest

Oo

ORANGE orange

OWL owl

PIG   pig

PIZZA   pizza

QUEEN   queen

QUESTION   question

RABBIT   rabbit

RIBBON   ribbon

Ss

SNAKE snake

STAR star

Tt

TIGER tiger

TREE tree

Uu

UNCLE uncle

UMBRELLA umbrella

VIOLIN   violin

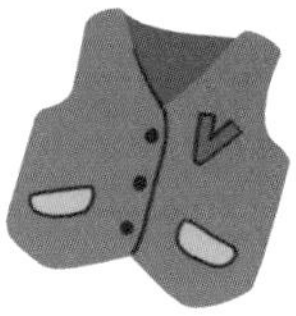

VEST   vest

WINDOW   window

WATCH   watch

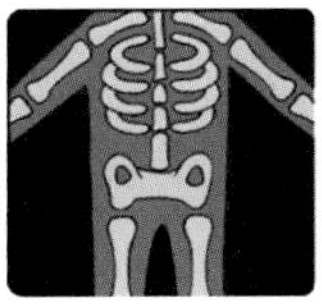

X-RAY   x-ray

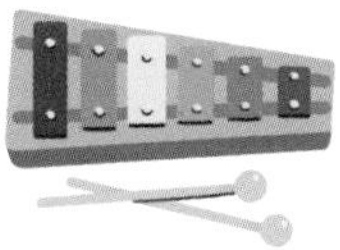

XYLOPHONE   xylophone

Yy

YO-YO   yo-yo

YOGURT   yogurt

Zz

ZEBRA   zebra

ZOO   zoo

정답 & 스티커

○ 16쪽

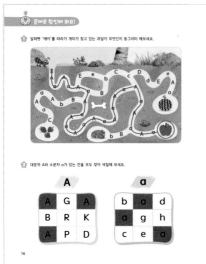

○ 17쪽

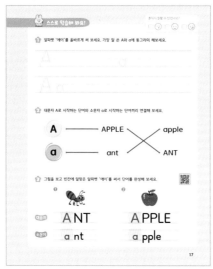

○ 20쪽

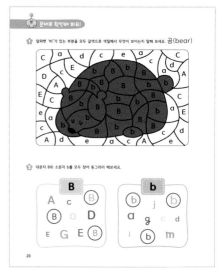

○ 21쪽

○ 24쪽

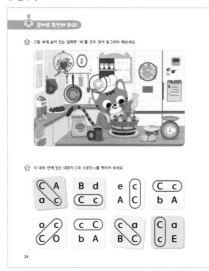

○ 25쪽

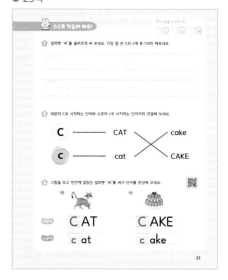

○ 28쪽

○ 29쪽

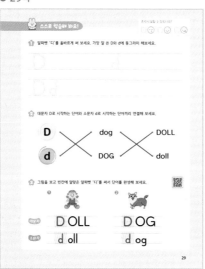

○ 32쪽

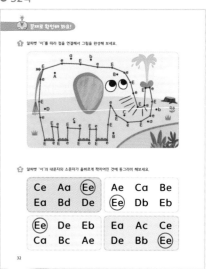

⊙ 33쪽

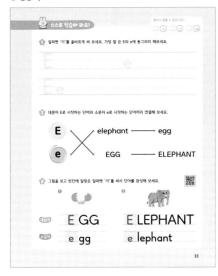

⊙ 34쪽

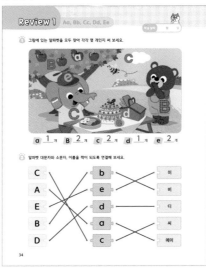

⊙ 35쪽

⊙ 36쪽

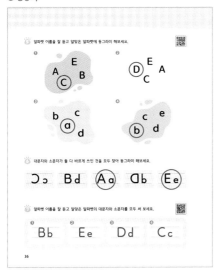

⊙ 37쪽

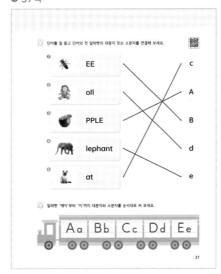

⊙ 40쪽

⊙ 41쪽

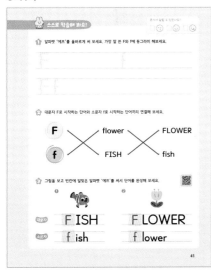

⊙ 44쪽

⊙ 45쪽

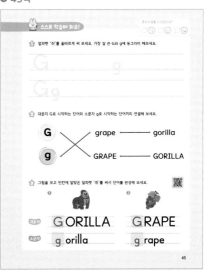

● 48쪽

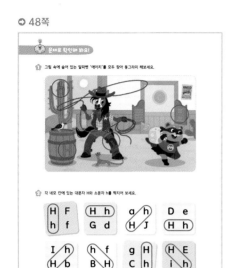

● 49쪽

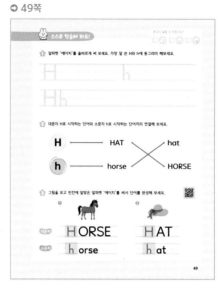

● 52쪽

● 53쪽

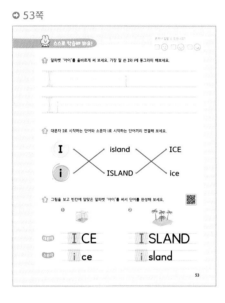

● 56쪽

● 57쪽

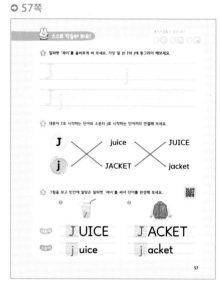

● 58쪽

● 59쪽

● 60쪽

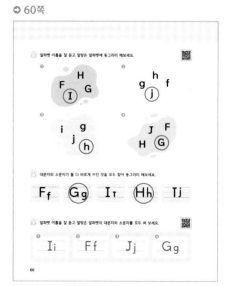

◆ 61쪽

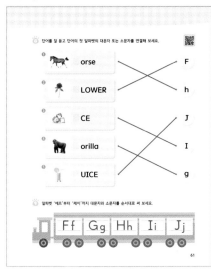

◆ 64쪽

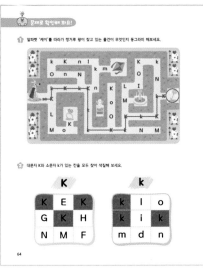

◆ 65쪽

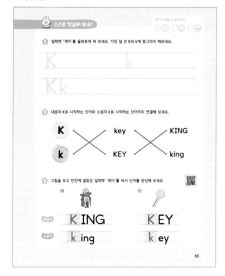

◆ 68쪽

◆ 69쪽

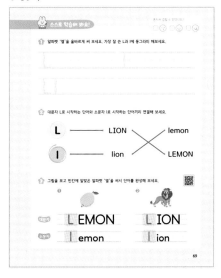

◆ 72쪽

◆ 73쪽

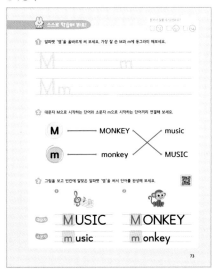

◆ 76쪽

◆ 77쪽

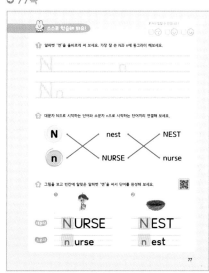

⚪ 80쪽

⚪ 81쪽

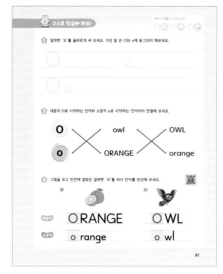

⚪ 82쪽

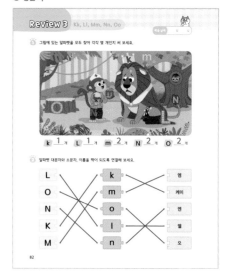

⚪ 83쪽

⚪ 84쪽

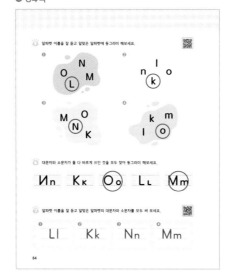

⚪ 85쪽

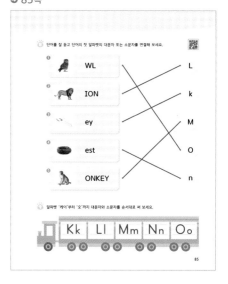

⚪ 88쪽

⚪ 89쪽

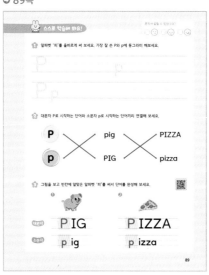

⚪ 92쪽

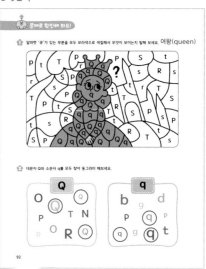

◎ 93쪽

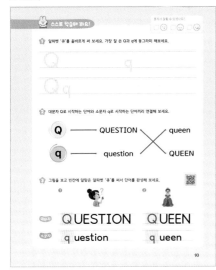

◎ 96쪽

◎ 97쪽

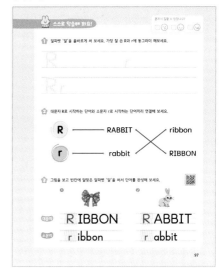

◎ 100쪽

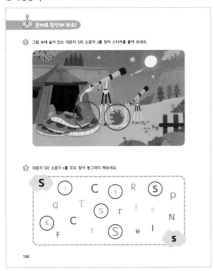

◎ 101쪽

◎ 104쪽

◎ 105쪽

◎ 106쪽

◎ 107쪽

◆ 108쪽

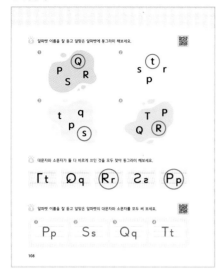

◆ 109쪽

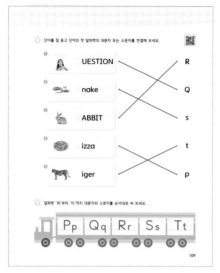

◆ 112쪽

◆ 113쪽

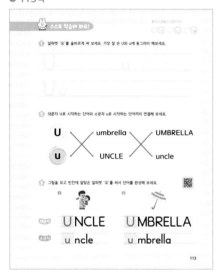

◆ 116쪽

◆ 117쪽

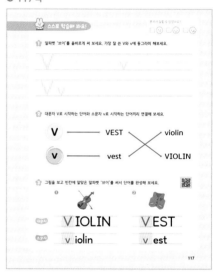

◆ 120쪽

◆ 121쪽

◆ 124쪽

125쪽

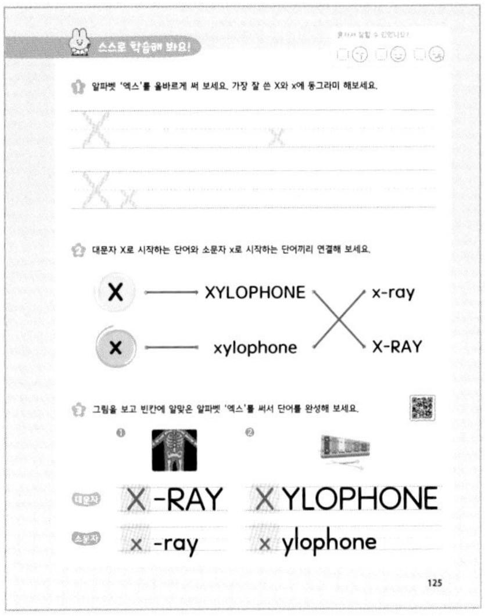

128쪽

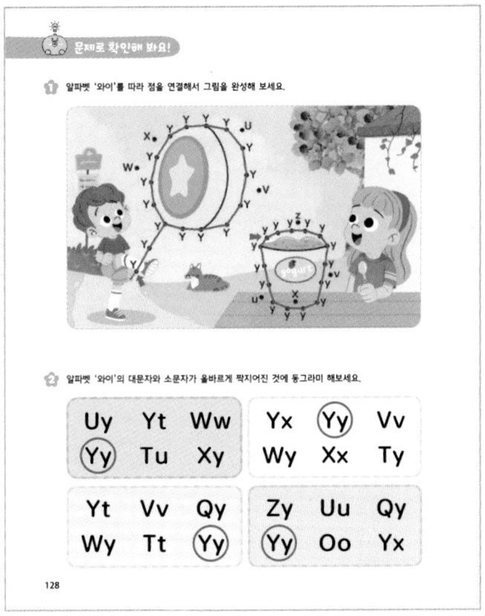

129쪽

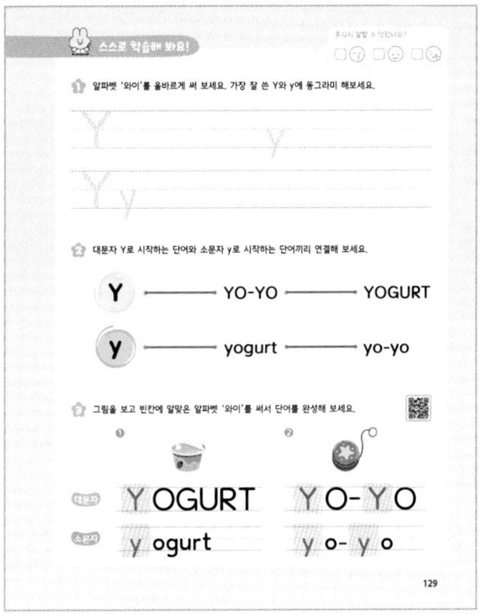

132쪽

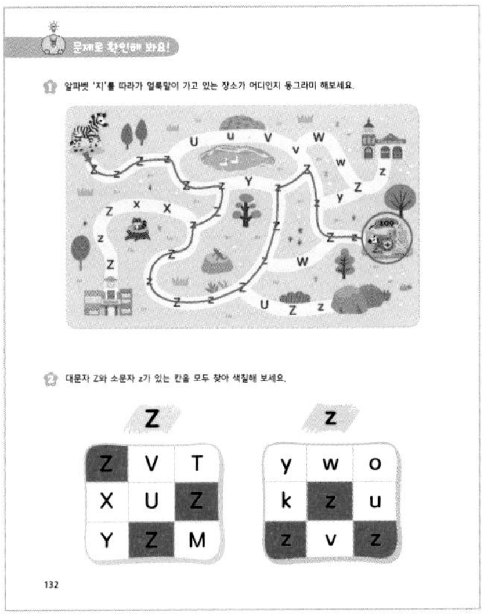

133쪽

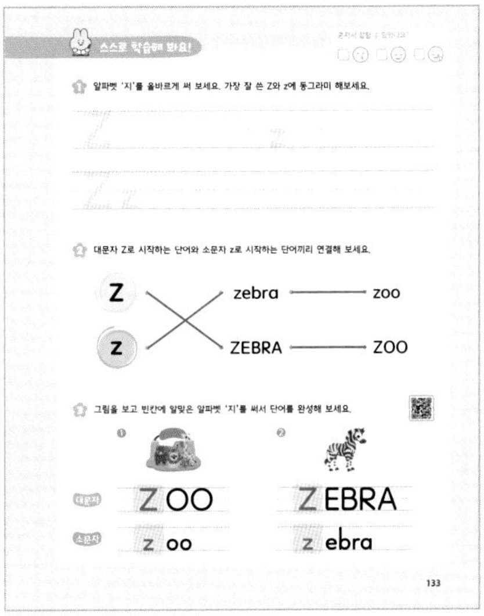

134쪽

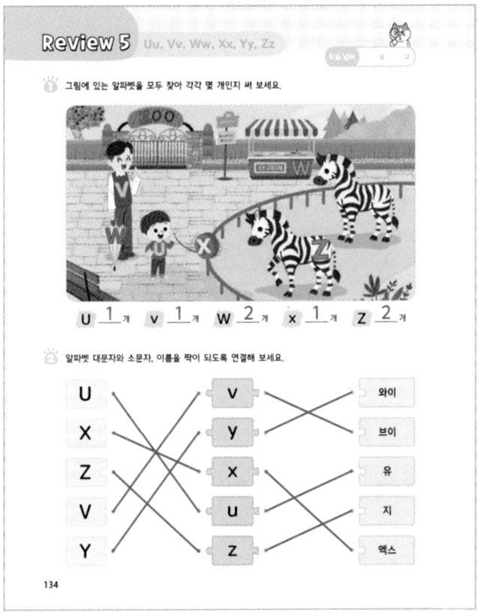

135쪽

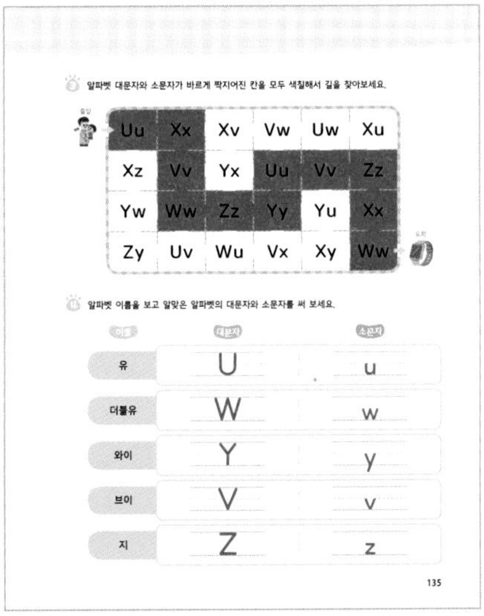

136쪽

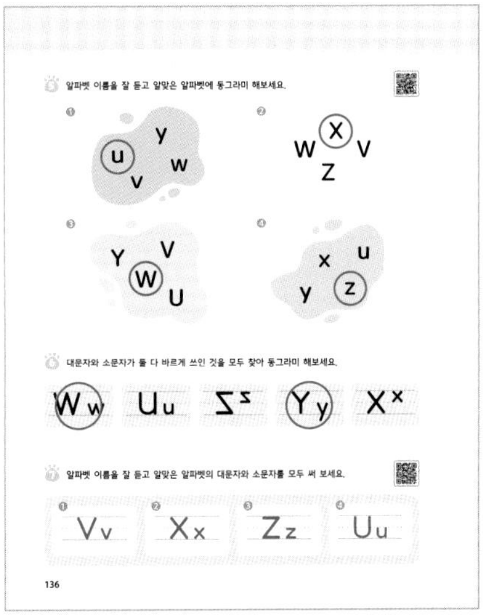

137쪽

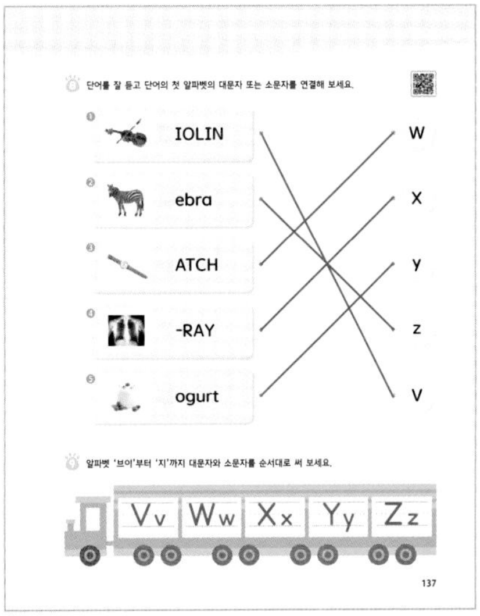

○ 138쪽

Review Test 1 알파벳 이름 연결하기

알파벳의 이름을 말하고, 알파벳과 이름을 알맞게 연결해 보세요.

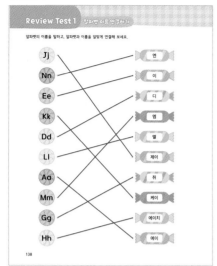

Jj · Nn · Ee · Kk · Dd · Ll · Aa · Mm · Gg · Hh → 엔 / 이 / 디 / 엠 / 엘 / 제이 / 쥐 / 케이 / 에이치 / 에이

138

○ 139쪽

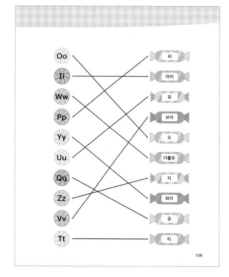

Oo · Ii · Ww · Pp · Yy · Uu · Qq · Zz · Vv · Tt → 피 / 아이 / 유 / 브이 / 오 / 더블유 / 지 / 와이 / 큐 / 티

139

○ 140쪽

Review Test 2 대문자 - 소문자 바꿔쓰기

대문자 옆에 짝이 되는 소문자를 써 보세요.

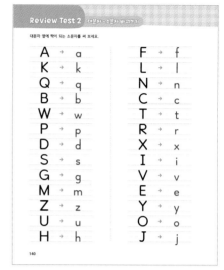

A → a
K → k
Q → q
B → b
W → w
P → p
D → d
S → s
G → g
M → m
Z → z
U → u
H → h

F → f
L → l
N → n
C → c
T → t
R → r
X → x
I → i
V → v
E → e
Y → y
O → o
J → j

140

○ 141쪽

소문자 옆에 짝이 되는 대문자를 써 보세요.

f → F
g → G
o → O
v → V
p → P
b → B
w → W
y → Y
x → X
i → I
c → C
k → K
q → Q

t → T
h → H
e → E
u → U
n → N
z → Z
s → S
d → D
l → L
m → M
a → A
r → R
j → J

141

○ 142쪽

Review Test 3 알파벳 듣고쓰기

알파벳 이름을 잘 듣고 알맞은 알파벳을 대문자로 써 보세요.

B H U
P D F
T W V
O N J

142

○ 143쪽

알파벳 이름을 잘 듣고 알맞은 알파벳을 소문자로 써 보세요.

l z i
m g k
a r c
q e s

143

○ 144쪽 스토리 해석

Alphabet Story 이야기를 들으며 해당하는 알파벳을 손으로 짚어보세요.

Our Alphabet Necklaces

A, B, C, D…

우리는 알파벳 목걸이를 만들고 있어요.
에이, 비, 씨, 디, 이, 에프, 쥐, 에이치, 아이, 제이,
케이, 엘, 엠, 엔, 오, 피!

? R

어, 잠깐! 그다음 알파벳은 뭐지?

144

○ 145쪽 스토리 해석

맞다! 큐! 다시 시작해 보자!

X, Y, Z!

큐, 알, 에스, 티, 유, 브이, 더블유, 엑스, 와이, 지!
우리는 알파벳 목걸이가 너무 좋아요!

145

168